AF246917

APERÇU

HISTORIQUE ET ANALYTIQUE

DU

DROIT HINDOU

TYPOGRAPHIE HENNUYER, RUE DU BOULEVARD, 7. BATIGNOLLES.
Boulevard extérieur de Paris.

APERÇU

HISTORIQUE ET ANALYTIQUE

DU

DROIT HINDOU

SUIVI D'UNE NOTICE

SUR

LE RÉGIME JUDICIAIRE ET ADMINISTRATIF

DES

ÉTABLISSEMENTS FRANÇAIS DANS L'INDE

PAR

M. BOSCHERON DES PORTES

Président à la Cour impériale d'Agen.

PARIS

AUGUSTE DURAND, LIBRAIRE, RUE DES GRÈS, 7.

1855

APERÇU

HISTORIQUE ET ANALYTIQUE

DU

DROIT HINDOU

PREMIÈRE PARTIE.

Lorsqu'on parle de cette contrée dont les origines historiques re-
montent, pour ainsi dire, à celles du monde, puisque la Genèse la
mentionne déjà comme royaume au temps d'Abraham, de cette contrée, qui, des premiers Pharaons aux derniers des Ptolémées, est
enveloppée de voiles à peine soulevés de nos jours, on l'appelle ordinairement la mystérieuse Égypte. Il est une autre région qui
mériterait mieux ce nom, car elle semble dater de plus loin, et cependant on la connaît moins encore. Les traditions des peuples
anciens et modernes sur l'Inde, ses monuments, sa position géo-
graphique dans la partie de notre globe peuplée la première,
les œuvres de ses poëtes et de ses législateurs, écrites dans une
langue qui heureusement n'a pas péri, quoiqu'on ne la parle
plus, langue la plus riche et la plus savante de toutes celles
qui existent : tout dépose, en faveur de ce pays, d'une civilisation
si antique qu'elle précéda, selon toute apparence, celle même
de l'Égypte. Mais, et c'est là un malheur pour la science, les
annales de l'Inde sont plus obscures encore que les hiéroglyphes.
L'Inde possède des poëmes sacrés, des épopées héroïques, une
foule de recueils de lois et de commentaires, elle a même des
écrits philosophiques, mais elle n'a pas un seul historien national, et il lui a manqué un Hérodote. Si le récit de quelques évé-
nements est épars dans ces ouvrages, il s'y trouve si mêlé de
fictions qu'il est impossible de discerner la vérité de la fable.
Nulle chronologie enfin, nulle collection de faits empruntés à
l'humanité seule : partout et toujours l'intervention, l'influence

divine. On dirait que chez ce peuple, assujetti dès le berceau à la théocratie, ou plutôt à un panthéisme illimité, l'homme s'est compté pour rien, abdiquant sa personnalité au profit de millions de dieux, qui pensent, parlent et agissent pour lui.

L'histoire de l'Inde ne commence donc avec quelque certitude, au moins jusqu'à présent, qu'à l'époque bien moderne, relativement à sa haute antiquité, de sa conquête par les mahométans, dont la première invasion ne remonte pas au delà de l'an 711 de notre ère. D'un autre côté, ce n'est guère que vers la fin du dernier siècle que les savants européens ont commencé à faire des recherches sérieuses sur les origines hindoues. Il paraîtra donc, au premier abord, téméraire de chercher à y démêler ce qui concerne le droit et ses monuments. Cependant, quelques-uns de ces savants en ont fait l'objet spécial de leurs études. Sur les lieux mêmes où ce droit est toujours en vigueur, d'illustres orientalistes, qui joignaient à ce titre celui de magistrat, ont interrogé la législation hindoue à ses sources, traduit et commenté plusieurs de ses codes. Et si ni les efforts des William Jones et des Colebrooke, ni ceux de leurs émules et successeurs dans cette tâche difficile, n'ont pu parvenir à déterminer avec une précision rigoureuse la date de ces recueils, au moins en ont-ils constaté authentiquement l'existence et dressé le catalogue raisonné. C'est un genre de richesses dont, avant eux, on soupçonnait à peine le nombre et le mérite. On savait, mais vaguement, que l'Inde avait eu des législateurs; on ignorait à quel point la haute sagesse de ceux-ci, la connaissance profonde des devoirs et des besoins de l'homme en société, brillaient dans leurs œuvres. On était loin de se douter surtout que la nomenclature des juristes hindous égalait, si même elle ne surpassait pas, celle des jurisconsultes romains. Enfin, les investigations des doctes fondateurs et collaborateurs de la *Société asiatique* de Calcutta nous ont appris que si un autre Justinien se rencontrait, qui voulût extraire de la jurisprudence générale de l'Inde un nouveau Digeste, cette entreprise serait bien autrement vaste que celle de l'empereur grec, car cette jurisprudence compte déjà une quantité notable d'institutes et de pandectes, et ce serait ainsi un Digeste de digestes qu'il faudrait élaborer.

On peut donc juger, dès à présent, que, malgré la rareté des lumières historiques, l'inventaire seul des éléments nombreux du droit hindou présente encore beaucoup d'intérêt. C'est ce que nous allons essayer de faire dans cette première partie. La seconde consistera à exposer les principales dispositions de ces lois généralement peu connues en Europe, et cependant très-dignes de l'être.

Le corps du droit hindou se compose d'un ensemble de préceptes religieux et civils dont la communication est réputée venir de la divinité elle-même. La révélation, telle est la source sacrée d'où ce droit découlerait, et c'est ce qu'indique le mot *Dharma-Sastra*, loi sainte, dénomination commune à tous les codes anciens. Et, comme si ce n'était pas assez de cette croyance, article de foi pour un peuple éminemment pieux, voici dans quels termes la loi est recommandée à sa vénération et à son amour. « Dieu, dit un texte des Védas, après avoir créé les quatre classes [1], n'avait pas encore achevé son ouvrage. Mais, de peur que « les classes royale et militaire ne devinssent insupportables par « leur puissance et leur férocité, il joignit à son œuvre la haute « prépondérance du corps des lois, parce que la loi est la reine « des rois, parce qu'elle l'emporte en force et en puissance sur « eux-mêmes ; parce qu'elle est également douce à ce point que, « par son secours comme par celui du plus grand monarque, le « faible peut l'emporter même sur le fort. » Dans leur forme primitive, et par suite du but qu'elles se proposaient, les lois hindoues embrassaient à la fois les cérémonies religieuses, les sujets de morale et les intérêts purement civils. La plupart des commentateurs et jurisconsultes retranchèrent les deux premières parties pour ne s'occuper que des droits et des devoirs, considérés au double point de vue des contestations privées et de la pratique judiciaire, ce qui comprend le droit civil et le droit criminel, les formes de la procédure, les règles de la plaidoirie, la preuve écrite et la preuve orale, les titres qu'on oppose à un adversaire, les serments, l'ordalie.

Le nombre des législateurs ou auteurs des *Dharma-Sastra*, que nous appellerons *Institutes* pour leur maintenir le caractère de textes originaux, est fort considérable. On en compte jusqu'à trente-six. Mais ces Institutes n'ont pas été toutes conservées; nous nous bornerons donc à l'indication de celles qui sont ve-

[1] Ce sont celles 1° des *brahmes*, ou prêtres; 2° des *kchatryas* ou *rajahs* (militaires); 3° des *vaysiahs* (commerçants); 4° des *sudras* (laboureurs).

nues jusqu'à nous, en y joignant la liste de leurs commentateurs les plus estimés. Nous ferons enfin connaître les auteurs de traités particuliers sur les diverses branches du droit, auteurs dont les opinions ont acquis force de loi.

Le *Manava-Dharma-Sastra*, ou code de Manou, est incontestablement le plus ancien. Manou est un personnage divin, d'après les Hindous, ou, pour mieux dire, c'est Dieu lui-même qui a parlé dans ce livre [1]. William Jones en fait remonter l'apparition à trois mille ans ; Chézy le dit antérieur de treize cents ans à notre ère, ce qui revient à peu près au même. Cette vénérable antiquité est, du reste, encore moins étonnante que la civilisation déjà très-avancée dont ce Code est l'expression. Mais nous est-il parvenu dans sa forme première ? On sait le contraire, et que, comprenant, dans l'origine, cent mille *slocas* ou distiques, il fut abrégé successivement en douze mille et quatre mille vers, et ne contient plus aujourd'hui que deux mille six cent quatre-vingt-cinq *slocas*. Il y a lieu de craindre également que le texte original n'ait été altéré. Nous ne citerons qu'un exemple à l'appui de cette conjecture. Le *Manava-Dharma-Sastra* offre presque partout des préceptes d'une sagesse universelle, les principes de la morale la plus pure. Mais, à côté des règles générales de justice et d'équité, on y trouve quelquefois d'étranges exceptions, des disparates choquantes. Ainsi, Manou proscrit le faux témoignage, genre d'infraction à la vérité bien commun dans l'Inde, où l'on a encore fréquemment à s'en plaindre aujourd'hui. Il dit anathème aux faux témoins ; il les menace des peines les plus cruelles en ce monde et dans l'autre, prenant soin de les décrire, puis il ajoute immédiatement (slocas 104 et 105, livre VIII) : « Dans certains cas, celui qui, par un pieux motif, dit autrement qu'il ne sait, n'est pas exclu du monde céleste ; sa déposition est appelée parole des dieux. — Toutes les fois que la déclaration de la vérité pourrait causer la mort d'un soudra, d'un vaysia, d'un kchatrya, d'un brahmane, il faut dire un mensonge, et, dans ce cas, c'est préférable à la vérité. » Ici, non-seulement l'altération, mais l'interpolation nous semble évidente, et s'il faut en chercher les auteurs, nous les trouverons, non dans les trois

---

[1] Le nom de *Brigou* ou *Brighù* est inséparable de celui de *Manou*, dont on le dit fils, et qui, du reste, parle en son nom dans le *Manava-Dharma-Sastra*.

premières classes, mais bien plutôt dans la quatrième, celle qui s'est placée ici la dernière, renversant l'ordre accoutumé qui la met partout au premier rang. *Is fecit cui prodest*. Hâtons-nous de dire qu'une semblable doctrine n'est plus admise depuis longtemps devant les tribunaux criminels de l'Inde. Malgré quelques taches de ce genre, faciles à reconnaître et à effacer, le code de Manou jouit d'une haute estime dans cette contrée. On l'y considère comme la base de toute la législation, et si depuis longtemps il a cessé d'être en vigueur à titre de loi usuelle, il est resté la raison écrite ; car il en est rarement de plus saine. Aussi, a-t-il eu une foule de commentateurs, dont les plus connus sont : *Medhâtiti, Govinda-Rajah, Dharamidera, Callouca-Bhatta*, etc.[1]

Après *Manou*, viennent par rang d'ancienneté et surtout de célébrité : *Atri*, l'un des dix seigneurs des choses créées, auteur d'un remarquable traité de droit en vers ; *Vishnou*, qui n'est pas le dieu hindou, mais un philosophe du même nom ; *Usanas*, régent de la planète de Vénus, *Harita, Apastamba, Yama, Catyayana, Vrihaspati*, régent de la planète de Jupiter, tous auteurs d'institutes qui du moins ont été mises sous leurs noms, tous entourés de l'auréole divine attribuée par les Hindous à la plupart de leurs législateurs.

Yâjnyawalcya est représenté dans l'introduction de ses propres Institutes comme enseignant ses préceptes à un auditoire de vénérables philosophes assemblés dans la province de *Mithilà*. Cet ouvrage a été divisé en trois chapitres contenant mille vingt-trois distiques. Un excellent commentaire, intitulé *Mitacshara*, fut fait sur ce texte par *Vijnyaneswara*, ermite, commentaire devenu lui-même un véritable traité pouvant remplacer un digeste méthodique. Le *Mitacshara* jouit dans toute l'Inde du plus grand crédit, et l'on s'en convaincra par les citations fréquentes que nous aurons occasion d'en faire en exposant le droit hindou. Les autres commentateurs du *Mitacshara* sont *Devabodha, Win-*

---

[1] Les Lois de Manou, comprenant les institutions religieuses et civiles des Indiens, traduites du sanscrit, et accompagnées de notes explicatives, par A. Loiseleur Deslongchamps. Paris, 1833, in-8.

[2] Les Institutes d'Yàjnyawalcya ont été traduites en allemand : Yaynavalkyas Gesetzbuch sanskrit und Deutsch herausgegeben von Dr. A. F. Stenzler, professor der Orientalischen Sprachen an der Universitæt zu Breslau. Berlin, 1849, in-8.

varapa et *Solapini*, dont l'œuvre est intitulée *Dipacalica*. Nous n'indiquons ici que les principaux, car il y en a, dit Colebrooke, toute une armée, mais cela prouve de plus en plus la grande autorité du texte.

Angiras, *Parasara*, commenté par *Madhavacharya*, *Vyasara* ou *Vyasa* ou *Viasa*, fils de Parasara, et qui passe pour être aussi l'auteur des *Puranas* ou poëmes historiques ; *Sancha* et *Lichta*, *Dachsa*, *Gautama*, *Satatapa*, *Vasishta*, *Naréda* et *Devala*, complètent la liste des législateurs dont les codes ont, en tout ou en partie, traversé les siècles.

Parmi les auteurs de digestes ou de traités spéciaux, les uns appartiennent à cette époque reculée que nous pouvons appeler l'âge héroïque de la jurisprudence ; les autres se placent en des temps où la lumière historique commence à poindre. Nous mentionnerons au rang des premiers, *Nattaca-Pandita*, qui a écrit le *Dattaca-Mimansa* sur l'adoption, et *Devandah-Bhatta*, dont l'ouvrage sur le même sujet est connu sous le nom de *Dattaca-Chandrica*.

Jimuta-Vahana avait composé un digeste intitulé *Dharma-retna*. Il n'en est resté que le chapitre des successions, appelé en sanskrit *Daya-bagha*, commenté par *Sricrishna-Tercalancara*, sous le titre de *Daya-Cramasangraha*. C'est encore aujourd'hui, avec le *Mitacshara*, un des meilleurs guides sur la matière. *Chandeswara*, ministre d'un roi de Mithilà, passe pour avoir fait compiler le digeste portant le titre de *Vivada-retnacara*. *Vachespati-Misra* composa, il y a dix ou douze générations seulement, le *Vivada-Chintaméni* et le *Vyacahara-Chintaméni*. On attribue à *Raghundana-Bandhyaghatiya* le *Viavahara-tatwa* et le *Daya-tatwa*, deux traités fort estimés. Enfin, il existe sous le nom de *Virada-Chandra* un livre de jurisprudence dont l'auteur est une femme, *Lachimadévi*, qui, aussi modeste que savante, le publia sous le nom de son neveu *Misru-Misra*, ainsi que d'autres ouvrages de droit et de philosophie.

A des dates moins incertaines, quoique non précises encore, se placent trois digestes qui méritent par leur célébrité une attention particulière. Le premier est le *Smriti-Chandrica* de *Devandah-Batta*, déjà cité par nous pour son traité sur l'adoption. Le *Smriti-Chandrica* fut composé durant l'existence du gouvernement de Vydianagara, empire étendu dans le midi de l'Inde et qui florissait pendant les treizième, quatorzième et quinzième, siècles de notre ère. Malheureusement on n'a pas encore traduit ce recueil important. En 1826, on en publia à Mádras un abrégé en tamoul, car, ainsi que tous les ouvrages de la belle littérature hindoue, il est en sanskrit. On s'occupait aussi d'en faire une version française à Pondichéry, il y a quelques années. Nous ignorons où en est cette entreprise, digne à tous égards des encouragements du gouvernement métropolitain. Quoi qu'il en soit, le *Smriti-Chandrica* a reçu les plus grands éloges de la part des savants capables de l'apprécier dans l'original. Colebrooke et surtout Ellis le regardent comme ayant une grande valeur, à cause des documents complets qu'il fournit sur la constitution de plusieurs établissements judiciaires du midi de l'Inde, utile pour la procédure, pour les actions, remarquable enfin par la clarté avec laquelle plusieurs parties de la législation y sont discutées. Nous pouvons joindre à ces suffrages imposants notre témoignage personnel sur l'autorité dont jouit le *Smriti-Chandrica* parmi les natifs instruits qui l'invoquent fort souvent en justice.

Le *Madhavya*, compilé pour les possessions du *Canara* par *Vidyaranyaswamy*, savant ministre du Vydianágara, qui vivait au quatorzième siècle, est postérieur au *Smriti-Chandrica*, et joint à cet avantage celui de la haute réputation de son auteur, qui commenta les quatre Védas.

Enfin, le *Saraswaty vilasa* de *Prataparudra-diva-Maharajá*, dont le nom indique qu'il était prince régnant de l'un des empirés du Sud, est encore un digeste complet du droit hindou. Il a force de loi principalement en ce qui concerne le mode de possession des terres.

Un dernier travail général sur le droit hindou et dont William Jones dit qu'il approche, en mérite et en méthode, des Pandectes de Justinien, est le *Fétawi-Aulemgiri*, ou décisions indiennes, écrit en arabe sous le règne et par l'ordre du puissant empereur mogol Aurengzeb, qui porta aussi le nom d'Alamgir. Ce prince régnait dans le dix-septième siècle, et par conséquent le *Fétawi-Aulemgiri* est très-moderne. Il se compose de cinq gros volumes.

On voit par cet ouvrage que les Hindous ne cessèrent pas de conserver leurs lois, même sous la domination musulmane. Ce n'est pas que les conquérants qui les avaient asservis n'eussent tenté, a diverses reprises, de leur imposer leurs propres coutumes ; mais ils ne purent jamais y parvenir, et leurs efforts échouèrent contre la force d'inertie des indigènes. Il faut reconnaître d'ailleurs que beaucoup de princes mogols furent aussi tolérants qu'éclairés ; les plus despotes, et entre autres Aurengzeb lui-même, se bornèrent à exclure les natifs des emplois publics, à leur témoigner une grande défiance, mais ils n'allèrent pas au delà. Bien loin de recevoir les lois et les usages des mahométans, ce furent, au contraire les Hindous qui communiquèrent aux vainqueurs une partie de leurs institutions.

Les Européens, qui ont remplacé les souverains musulmans, ont usé de la même politique, et par les mêmes motifs. Aucun peuple n'est plus attaché que l'Indien à ses vieilles coutumes, et c'est, avec la religion, le seul point sur lequel sa douceur et sa docilité proverbiales ne céderaient jamais. Aujourd'hui que ce vaste territoire, sauf quelques établissements français et portugais, obéit à peu près tout entier aux Anglais, ces derniers ont eu le soin de conserver à leurs sujets le privilége d'être jugés d'après leurs lois civiles ; car, quant au droit pénal, on sait qu'en général dans les pays conquis c'est le droit du maître, et il n'en est pas autrement dans l'Inde. Elle n'a pas perdu, du reste, sous ce rapport, la jurisprudence criminelle européenne étant infiniment plus équitable et plus humaine que celle qui régnait auparavant. La procédure civile française et anglaise est également suivie dans les possessions respectives de ces deux nations, et il en devait être ainsi, puisque les procès y sont portés devant des magistrats européens ; mais cette compétence même faisait à ceux-ci une obligation d'étudier les lois qu'ils sont chargés d'appliquer. L'inconvénient de s'en rapporter, pour la solution des questions de droit indigène, aux décisions des *Pandits*, ou hommes de loi du pays, était, en effet, très-grave. Nous laissons ici le soin de le signaler à William Jones, dont il faut toujours prononcer le nom et invoquer l'autorité en première ligne, lorsqu'il s'agit de jurisprudence hindoue comme d'érudition asiatique. Voici comment il s'exprimait à ce sujet, dans une lettre qu'en sa qualité de juge à la Cour suprême de Calcutta, il adressait, le 19 mars 1788, au Conseil suprême du Bengale, pour le solliciter de faire procéder à un travail sur le droit hindou propre à gui-

der les magistrats européens dans l'exercice de leurs fonctions :
« Si nous basons nos jugements sur les opinions des légistes et
lettrés indigènes, nous ne pouvons jamais être assurés de ne pas
être trompés par eux. Il serait aussi absurde qu'injuste de passer
condamnation sur un corps entier. Ma propre expérience m'au-
torise cependant à déclarer que je ne pourrais pas, en sûreté de
conscience, concourir à une décision uniquement fondée sur l'a-
vis écrit des légistes natifs dans toute cause où ils auraient le
moindre intérêt à égarer la cour ; et, quelle que soit notre vigi-
lance, il ne leur serait pas trop difficile de nous induire en
erreur, car ils peuvent citer comme autorité formelle un seul
texte obscur, quoique dans le recueil même d'où il est tiré il
soit appliqué dans un sens différent, ou rapporté seulement pour
être soumis à la discussion. » Quiconque a vu rendre et surtout
quiconque a rendu la justice dans l'Inde souscrira sans réserve à
la justesse de ces observations.

Dans cette même lettre, William Jones parle d'un essai dans
le genre de l'ouvrage dont il fait sentir la nécessité, entrepris dès
1775, sous le gouvernement du fameux Warren-Hastings. Cet
essai, publié par un M. Halhed, employé civil de la Compagnie
des Indes, consista dans la traduction d'un livre de droit original
intitulé *Vivadarnava-Sétu*. On y avait pris pour modèle le digeste de Justinien, en le composant de textes authentiques tirés
d'auteurs connus et expliqués dans des notes empruntées à des
commentateurs estimés. Mais un défaut de proportion sensible
existait entre les diverses parties de ce recueil, prolixe sur des
matières secondaires, succinct et superficiel sur des points d'une
importance capitale. Ce qui acheva de le discréditer, c'est que
l'on reconnut ensuite que le traducteur avait travaillé sur un original sanskrit incorrect et fautif [1].

Les recommandations d'un homme tel que William Jones
devaient porter leurs fruits. Le marquis de Cornwallis, alors gouverneur général, s'empressa de donner des ordres pour la rédaction d'un corps de droit hindou. Elle fut confiée à un savant
pandit, nommé *Jagannatha-Tercapunchanana*, qui employa plu-

____

[1] Ce livre a été publié à Londres en 1777, sous le titre de : A Code of
Gentoo laws, or ordinations of the Pandits from a Persian translation made
from the original written in the shamscrit language. Il en existe une traduction française sous le titre de : *Code des lois des Gentous.*

sieurs années à ce grand travail, auquel il donna le nom oriental de *Viranda Bhangarnava* (Océan de la controverse). Par malheur, avant que l'œuvre fût achevée, une mort prématurée avait enlevé celui qui en avait donné l'idée, et William Jones n'avait pu encore en traduire qu'une faible partie. Il eut pour successeur dans cette tâche Colebrooke, assurément bien digne de l'y remplacer, et la version anglaise de ce dernier parut enfin à Londres et à Calcutta, en 1801. Mais, soit que le traducteur se fût fait scrupule de réviser et modifier l'original, soit que, comme il le dit lui-même, Colebrooke, qui cumulait alors avec ses fonctions de juge de Mirzapour celles de résident à la cour de Bérar, ait manqué de temps, toujours est-il que l'exécution de l'œuvre ne répondit pas à ce qu'on s'en était promis. Elle est d'abord fort incomplète, puisqu'elle ne comprend que les contrats et les successions, et l'on y trouve des contradictions fréquentes entre les opinions des diverses écoles, qui ne sont point conciliées[1]. C'est donc un arsenal pour tous les combattants, et l'on a pu en dire avec raison que c'était le meilleur des codes pour un avocat et le plus mauvais pour un juge. L'Inde n'a donc pas encore rencontré son Tribonien.

Les regrets que doit faire naître cet avortement d'une belle conception sont adoucis jusqu'à un certain point par les travaux, aussi utiles que consciencieux, auxquels plusieurs autres magistrats anglais se sont livrés sur quelques-unes des matières de la législation hindoue. Outre Colebrooke, qui traduisit le *Daya-Bagha* et la partie du *Mitacshara* sur les successions, son neveu Sutherland rendit à la science le même service pour les deux traités sur l'adoption dont nous avons déjà fait mention : le *Dattaca-Mimansa* et le *Dattaca-Chandrica*. On doit enfin à Wynch la traduction du *Daya-crama-sangraha*. Les préfaces savantes dont Colebrooke et Sutherland ont enrichi leurs publications, les notes et commentaires qui accompagnent la version du texte, ne laissent rien à désirer.

Il nous reste, pour clore cette liste des ouvrages anglais sur le

---

[1] On compte jusqu'à cinq écoles de jurisprudence dans l'Inde. Ce sont celles du Bengale, de Mithila, de Bénarès, de Maharastra, enfin de Dravida. On ne trouvera pas peut-être que ce soit trop pour une contrée si étendue, qui ne parle pas la même langue, et où les mœurs et les opinions ne diffèrent pas moins que les idiomes.

droit hindou, à parler d'un livre qui les résume tous de la manière la plus utile comme la plus exacte. C'est celui qu'a fait paraître en Angleterre, il y a environ vingt-cinq ans, sir Thomas Strange, ancien président de la Cour suprême de Madras, sous ce titre : *Éléments de législation hindoue à l'usage des tribunaux anglais dans l'Inde.* C'est, en effet, un excellent manuel de la jurisprudence indigène, un guide sûr et pratique pour son application. L'auteur l'a composé non-seulement avec les résultats de ses propres études et de son expérience personnelle, mais encore avec les secours et les avis de Colebrooke, de Sutherland, d'Ellis[1] et de plusieurs autres jurisconsultes anglais exerçant dans l'Inde. Son ouvrage est dans les mains de tous les magistrats anglais appelés à le consulter par la nature de leurs fonctions.

Nous aussi nous y avons eu recours sur les lieux, puisque les natifs des possessions françaises sont jugés d'après les mêmes lois que dans l'Inde anglaise. C'est pour nous l'occasion de dire ici les noms des magistrats français qui, dans l'Inde, ont voulu faciliter une étude indispensable à ceux de leurs collègues qui ne connaîtraient pas la langue anglaise. M. Orianne, d'abord conseiller, puis président de la Cour de Pondichéry, a traduit et fait imprimer, en 1843 et 1844, le *Daya-crama-sangraha* et le *Mitacshara*, de Wynch et de Colebrooke. Ce laborieux magistrat a laissé également en manuscrit deux traductions, l'une du traité arabe sur les successions mahométanes dans l'Inde, appelé *Al Sirajiyyah*, que William Jones avait interprété en anglais ; l'autre de l'ouvrage entier de sir Thomas Strange, et il a offert celle-ci à la Cour de Pondichéry[2]. La magistrature coloniale a perdu naguère M. Orianne. Nous souhaitons vivement que son exemple soit suivi, et que ses successeurs dans l'Inde française continuent ainsi de prouver aux natifs avec quelle sollicitude leurs intérêts contentieux sont examinés et jugés. On comprendra mieux la légitimité de ce vœu par l'exposé que nous allons maintenant essayer de faire du droit hindou.

[1] Colebrooke : *A Digest of Hindu Law*, vol. 1-3, Londres, 1801. *Two treatises on the Hindu Law of Inheritance*, Calcutta, 1810, in-4 ; Ellis : *On the Law Books of the Hindus*, London, 1827, in-4.

[2] M. Gibelin, ancien procureur général à la même Cour, a publié, en 1846 et 1847, deux volumes d'*Etudes sur le droit civil des Hindous* ; mais elles sont faites à un point de vue particulier, et ne pourraient, malgré le mérite des recherches, diriger avec sûreté dans l'application de ce droit.

DEUXIÈME PARTIE.

§ 1. — De la Propriété.

La religion est la base essentielle de la société hindoue, elle devait donc être aussi celle de la législation. Tout homme, disent les textes sacrés, est tenu de *la dette des ancêtres*, ce qui signifie qu'il doit laisser au moins un fils pour célébrer ses funérailles, condition indispensable pour son bonheur dans l'autre vie; car, sauf quelques rares exceptions, quiconque meurt sans postérité mâle, naturelle ou adoptive, est voué aux peines éternelles. Or, l'accomplissement des devoirs funèbres est fort dispendieux dans l'Inde. Le mariage, qui est, comme source de la procréation légitime, la grande préoccupation de l'Hindou, occasionne aussi des cérémonies multipliées et coûteuses. Mais comment des enfants, ruinés d'avance par les désordres ou la prodigalité d'un père, pourraient-ils subvenir à toutes ces dépenses? La loi y a pourvu en établissant un principe qui domine l'ensemble de ses dispositions sur la propriété. C'est qu'elle n'est entre les mains de celui qui la possède, qu'un dépôt, une sorte de fidéicommis qui lui est remis, non pour l'employer aux besoins de sa position dans le monde, mais à ceux de la famille dont il est le chef. «La propriété, dit le *Mitacshara*, ne naît ni du partage ni du décès; elle est préexistante et a son origine dans la naissance. » Il s'ensuit que, du vivant du père, ses fils sont considérés comme ayant avec lui un droit de copropriété sur les immeubles, surtout ceux qu'il a reçus par héritage, et qu'il ne peut aliéner qu'avec leur concours. Ainsi, avant d'organiser la famille, ce peuple a pourvu à ce qui lui sert de fondement et de gage de durée, à la propriété des biens.

On conçoit que celui qui vit seul, qui n'a pas d'enfants, et c'est là une situation exceptionnelle dans l'Inde, puisse aliéner ses biens, puisqu'ils n'appartiennent qu'à lui. S'il ne le fait pas durant sa vie, ce qu'il laisse à sa mort appartient à ses héritiers naturels. Mais le droit de disposer ainsi est circonscrit dans les actes qui doivent avoir effet pendant l'existence du propriétaire, car la loi hindoue ne sait pas ce que c'est qu'un *testament*. Il n'y a pas même de mot dans la langue pour exprimer la chose.

Les biens qu'un chef de famille a gagnés par sa seule industrie peuvent, à la différence des biens patrimoniaux, être aliénés

par lui. Encore doit-il, même en ce cas, réserver ce qui est nécessaire pour son existence et pour celle de sa famille. Les biens
qui avaient été perdus par ses ancêtres, et qu'il parvient à recouvrer par son labeur et ses économies, sont classés parmi les acquêts ; mais ceux qui proviennent de l'emploi du patrimoine sont
considérés comme héréditaires. L'aliénation d'une propriété de
cette espèce est nulle et révocable sur la demande des intéressés.

Telle est la doctrine sanctionnée par les plus célèbres codes
hindous, notamment par le *Mitacshara*, le *Smriti Chandrica*,
le *Madhavya*. La plupart des écoles l'enseignent uniformément.
Celle du Bengale seule y résiste en invoquant un axiome dont
ses partisans sont enclins à abuser : *Cent textes*, disent-ils, *ne
peuvent détruire un fait*. Mais cet axiome n'a pas fait fortune, et
on peut en dire comme de l'hérésie, par rapport au dogme véritable : l'hétérodoxie confirme l'orthodoxie.

La propriété peut se transmettre dans l'Inde par des titres,
mais il faut y joindre la possession. Celle d'une partie de la chose
suppose la possession du tout. Or, quel que soit le respect dû
au titre, la mainmise est encore plus forte, puisqu'elle a pour
elle et le fait appuyé sur le temps, et la négligence supposée de
celui qui avait le droit. Ainsi le fait l'emporte et produit par degrés un titre parfait et inattaquable. Les conditions principales
de cette possession sont : 1° qu'elle procède d'un étranger et non
d'un parent ; 2° qu'elle ait lieu au vu et su du propriétaire, sans
opposition de sa part ; 3° que ce propriétaire soit exempt de toute
incapacité légale qui l'empêche de veiller à ses intérêts, d'exercer son droit et de détruire la présomption de son acquiescement
à l'occupation d'autrui. A ces conditions, une possession de dix
ans suffit, s'il s'agit de biens meubles ; il faut vingt ans pour les
immeubles. Si la possession a duré pendant trois générations,
elle ne peut plus être attaquée. Voilà donc la prescription ici
comme ailleurs reconnue pour la patronne du genre humain.

En cas de contestation en matière de propriété, c'est, en général, à celui qui prétend l'avoir acquise à produire son titre.
Mais s'il s'agit de biens transmis par héritage, la présomption
est en faveur de l'héritier, et la preuve incombe à celui qui l'at-
taque.

§ 2. — Du Mariage.

Nous n'avons point à retracer ici les cérémonies du mariage hindou, on en rencontre partout la description ; mais les conditions de validité de cette union, ses effets civils, les droits et devoirs respectifs des époux, voilà ce qui doit nous occuper.

La première condition pour sa légalité dans le sens le plus strict, c'est que les conjoints soient au moins de la même caste ; car les Hindous se marient, autant qu'ils le peuvent, dans leur famille, aux degrés permis, et les empêchements parmi eux sont limités au sixième degré inclusivement. L'infraction à la règle d'identité de caste ne priverait pas les enfants de la légitimité, si le père est d'une caste supérieure à celle de la mère ; mais si, au contraire, c'est cette dernière qui est de caste supérieure à celle du mari, les enfants seront réputés bâtards et exclus de la succession.

Le consentement mutuel des parties contractantes est essentiel à la validité du mariage, ce qui regarde surtout le futur, puisque les filles étant presque toujours mariées dans leur enfance, elles seraient hors d'état de donner une adhésion éclairée. On y supplée par celle du père, de la mère ou de la personne qui a eu le droit d'accorder la fiancée.

On peut rompre un mariage jusqu'aux fiançailles exclusivement, car dans l'Inde elles sont le mariage même et il ne reste plus que la consommation ajournée à la puberté des époux. Si la rupture était sans motifs, Manou voulait que l'on pût forcer à l'exécution de l'engagement, mais cette loi est tombée en désuétude.

La polygamie, quoique permise ou plutôt tolérée, n'est pas aussi commune qu'on pourrait le croire, et le fait, de la part du mari, de prendre une seconde femme du vivant de la première, ne dépend pas non plus de son caprice. Il est, selon les circonstances, justifiable et admissible, ou illégal.

La conduite, le caractère de la première épouse, sa stérilité ou le cas d'une union qui, depuis dix ans, n'a produit que des filles, sont des circonstances qui autorisent un second mariage. Si l'épouse y consent, elle a droit d'être traitée avec une libéralité proportionnée aux facultés du mari, tandis qu'une opposition opiniâtre l'exposerait à la contrainte, au mépris public et même à certaines corrections conjugales. Lorsque le second mariage a lieu, surtout de l'aveu de la première femme, celle-ci continue à résider chez son mari ; seule, elle a droit aux honneurs du titre d'épouse. On l'appelle la femme *aînée*, non pas en raison de l'âge, mais de l'antériorité de son union. Seule encore, elle succède au mari, le cas échéant ; les autres femmes ne viennent qu'après elle, à son défaut ou à sa mort. Si, par des motifs plausibles, elle vit séparément, c'est son devoir de réclamer la protection des proches de son mari, et, s'il n'en a pas, des siens propres.

Le nombre des femmes qu'un Hindou peut avoir à la fois varie selon les contrées et les opinions des légistes.

La séparation peut avoir lieu entre les époux, non-seulement pour adultère de la femme, mais encore à cause de sa stérilité, ou pour impuissance chez le mari, ou enfin pour infirmités dégoûtantes et incurables de l'un ou de l'autre. La femme adultère est exclue de la caste, la plus grande des peines civiles, et la coupable, en ce cas, peut être privée même du nécessaire.

Malgré l'assujettissement dans lequel les femmes sont tenues dans l'Inde, il ne faut pas croire que leurs droits, comme épouses et mères, soient nuls, ni leurs intérêts sacrifiés. Les époux se succèdent réciproquement l'un à l'autre ; par conséquent, la femme est héritière légale des biens de son mari s'il ne laisse ni enfants mâles ni descendants d'enfants mâles. Cependant, si le mari est mort avant la consommation du mariage, la veuve n'a droit qu'à son entretien.

La femme mariée peut avoir des biens propres, malgré la maxime qui dit qu'elle n'a rien à elle. Le mari a le droit, à la vérité, de les aliéner sans en rendre compte, mais il faut que ce soit lui qui en dispose, et seulement en certains cas d'urgence. Des tiers ne pourraient saisir ces biens, même pour des causes personnelles au mari. On les appelle *stridhana* de *stri*, femelle, et *dhana*, bien. Ils comprennent les immeubles que la femme apporte en mariage ou qui lui sont échus depuis, ou ce qui lui a été acquis par son industrie ou donné par un étranger pour des motifs de religion ; enfin, les bijoux qu'elle porte habituellement, ornements que les femmes hindoues ont toujours sur elles, et qui font partie de leur vêtement. A l'égard de ceux dont elles ne se parent qu'accidentellement, cette circonstance indi-.

que une propriété de famille à laquelle la femme n'a aucun droit.

Le concubinage ne produit dans l'Inde aucun des effets du mariage, excepté parmi les musulmans; les enfants qui en proviennent ne peuvent réclamer que des aliments.

§ 5. — De la puissance paternelle et de la tutelle.

Le pouvoir autrefois très-étendu du père sur ses enfants allait jusqu'à lui donner le droit de les vendre dans des temps de détresse, avec leur consentement, à la vérité; mais que pouvait être ce consentement dans un âge encore tendre? Cependant, ce droit n'était pas universellement reconnu, et *Yajnyawalcya*, dont la doctrine régit le sud de la péninsule, le refusait formellement. Aujourd'hui, l'intervention du pouvoir européen, a sinon fait cesser complétement, au moins rendu plus rare cet abus.

Ce n'est pas seulement sur les enfants légitimes et sur leur mère que s'étend la puissance du chef de famille. Les femmes qui font partie de la famille, telles que les sœurs non mariées ou veuves, les belles-filles veuves, la mère elle-même, sont placées sous son autorité.

Les devoirs réciproques entre le chef et les membres de la famille hindoue sont, d'un côté, la protection et l'entretien, ce qui comprend la nourriture, le vêtement, l'éducation; de l'autre, la soumission, le respect. « Celui qui laisse sa famille nue et sans pain, dit Vrihaspati, goûte d'abord du miel; mais ce miel se changera en poison. »

La loi n'avait pas besoin d'inviter le père à pourvoir au mariage de ses fils; son propre intérêt l'y sollicitait assez vivement. Une coutume plus originale est celle qui permet à une fille de se choisir elle-même un mari quand le père a laissé trois ans s'écouler depuis qu'elle est devenue nubile, et a négligé de la marier lorsqu'il s'est présenté des occasions convenables. Elle a le même droit contre les parents de son père, lorsqu'elle est placée sous leur puissance, et contre sa mère, si cette dernière est investie de l'autorité sur elle.

Nous avons vu que, du vivant du père, ses fils avaient un droit de copropriété sur certains biens dont se compose la fortune de la famille. Pour être conséquente, la loi devait permettre l'exercice utile de ce droit dans quelques circonstances. Le partage de cette communauté, dont nous exposerons les règles plus tard, parce qu'elles gouvernent un état de choses semblable et qui est fréquent dans l'Inde entre d'autres personnes qu'un père et ses enfants, peut donc avoir lieu entre celles-ci pendant la vie du père, mais en deux cas seulement : ou par la volonté du père, ou par la perte de son droit de copropriété. Son consentement au premier cas doit être formellement exprimé. On le supplée en certaines contrées, lorsqu'il est accablé d'années, que la mère est hors d'âge d'avoir des enfants, et que les filles sont mariées.

L'entrée en religion du père, sa dégradation emportant la perte des droits civils, sont d'autres causes qui donnent ouverture au partage. Pour la première, il faut qu'il soit *sanyassi*, c'est-à-dire anachorète. Un ermite, et cette position n'implique pas dans l'Inde la même idée, peut avoir femme et enfants. Du reste, dans l'un et l'autre cas, le partage ne comprend que les propriétés existantes au moment où il a lieu, et non celles qui seraient dévolues au père ou acquises par lui postérieurement.

Le partage s'opère entre les fils légitimes ou adoptifs d'abord, à leur défaut entre leurs représentants. La femme n'a pas le droit de provoquer le partage, quoique éventuellement elle puisse être héritière ; si elle y participe, elle n'est pas, pour cela, séparée de biens d'avec son mari, selon l'adage : qu'*il n'y a jamais de partage entre la femme et son seigneur.*

Les filles n'ont aucun droit du vivant de leur père.

Les copartageants sont soumis au payement des dettes dans la proportion de leurs parts. Ces parts sont égales, surtout pour les biens patrimoniaux ; car, à l'égard des acquêts, le père qui a consenti au partage a plus de latitude dans la faculté d'en disposer ; cependant elle ne va pas jusqu'à lui donner le droit de faire des avantages basés sur des motifs contestables : la jurisprudence exige de la justice jusque dans la faveur.

L'égalité de parts entre les fils étant observée, le père peut prélever deux parts pour lui seul dans les biens de famille ; car il a le droit de garder les acquêts en totalité ou en partie, prérogative fondée non-seulement sur sa propriété exclusive de cette nature de biens, mais encore sur leur application aux besoins de ses autres enfants ou membres de sa famille qui n'ont rien reçu du partage.

De la tutelle. — La *minorité* finit dans les trois classes supérieures avec les études du mineur, c'est-à-dire lorsqu'il quitte son précepteur; chez les *sudras*, la majorité est fixée à seize ans.

Les actions actives et passives du mineur sont exercées par un tuteur. En principe, c'est le roi ou *Rajah* qui est gardien et protecteur des incapables; par délégation de cette attribution dont l'exercice serait trop difficile, l'autorité judiciaire leur choisit un tuteur pris de préférence parmi les parents paternels. Cependant, dans la pratique, la mère survivante est tutrice; mais, comme elle n'est jamais elle-même *sui juris*, elle n'a, en quelque sorte, que voix consultative, sous la direction d'un tiers désigné.

Le tuteur peut être révoqué s'il abuse de son mandat.

§ 4.—De l'Adoption.

L'adoption est très-usitée chez les Hindous, et l'on en a déjà vu le motif. Puisqu'il faut absolument laisser un fils après soi pour offrir les sacrifices funéraires et s'ouvrir les portes de la vie bienheureuse, celui à qui le mariage a refusé ce résultat si désiré le demande à l'adoption.

Le droit d'hériter et celui de faire les cérémonies funèbres étant corrélatifs, si par quelque incapacité légale, telle que l'expulsion de la caste, la folie, une maladie incurable, le descendant naturel n'a plus le droit de succéder, c'est comme s'il n'existait pas, et alors la faculté d'adopter est ouverte.

Un célibataire peut adopter comme un homme marié ou veuf, la loi ne l'ayant pas défendu. Par la même induction de ce silence, il est permis d'adopter plusieurs individus.

Pendant le mariage, le mari seul peut adopter, quoique le fils adoptif appartienne à sa femme comme à lui. L'épouse a, d'ailleurs, un intérêt égal à cette mesure, puisqu'elle participe au bénéfice des oblations funéraires faites pour son époux. Devenue veuve, elle a le droit d'adoption, parce qu'on suppose, par fiction, le consentement du mari défunt, ou plutôt on y supplée par le consentement des parents de ce dernier, devenus les tuteurs de la veuve. Elle perd alors le droit de succéder qu'elle avait, comme nous l'avons déjà dit, à défaut de postérité masculine, parce que le fils adoptif, dans ce cas, est assimilé à un posthume. Toutefois, si ce fils lui-même meurt sans descendants mâles, la veuve lui succède.

La condition de rigueur pour l'adoption est que l'adoptant et

l'adopté soient de la même caste. Ils ne doivent pas être parents
au degré prohibé; le principe, sur ce point, étant qu'on ne peut
adopter l'individu avec la mère duquel on ne pourrait se marier,
ce qui s'applique aux deux sexes. L'adopté ne doit pas être un fils
unique, car il quitte sa famille naturelle pour entrer dans la
nouvelle; son père n'aurait donc plus de fils pour célébrer ses
propres obsèques. Cependant, la faveur de l'adoption a fait flé-
chir cette règle, et on peut convenir expressément que l'adopté
ne cessera pas d'appartenir à sa famille d'origine : il fera alors
également les funérailles et jouira du droit de succession dans
les deux familles. Il y a encore une exception de ce genre pour
le cas où un fils unique est donné en adoption au frère de son
père. Il est appelé alors enfant de deux pères. Le consentement
de l'adopté est toujours requis ; mais comme, d'un autre côté, il
ne doit pas avoir plus de cinq ans, ou qu'au moins il faut que
les cérémonies d'initiation qui lient irrévocablement un jeune
Hindou à sa famille naturelle n'aient pas encore été accomplies,
on supplée à l'adhésion de l'adopté par celle des personnes qui
ont autorité sur lui, de la même manière qu'on remplace le
consentement des jeunes filles mariées dans leur enfance.

Le mode et les formes de l'adoption participent surtout de la
religion. Un acte qui la constate n'est pas exigé ; car, ainsi que
nous le verrons partout, les Hindous attachent plus d'importance
à la tradition orale qu'à la preuve écrite. Mais, à défaut d'un
instrument de cette dernière espèce, ils veulent une grande pu-
blicité dans les cérémonies, la présence des parents et la notifi-
cation au souverain ou à son délégué dans la localité. Enfin,
Manou recommande que la dation en adoption et son acceptation soient manifestées par quelque acte matériel.

Les biens que l'adopté a recueillis dans la succession de l'a-
doptant ne passent pas à ses parents naturels, car le droit réci-
proque de succession entre eux et lui a été rompu par l'adoption.

§ 5.—Du Veuvage.

Cet état mérite d'être l'objet de quelques développements, car
la classe des personnes placées dans cette position est nombreuse.

Aucune veuve ne peut se remarier, et il n'est pas de prohibi-
tion plus absolue, plus fortifiée à la fois par la loi et par les
mœurs. Elle s'étend, non-seulement aux femmes qui ont vécu

avec leur mari, mais encore à celles qui, l'ayant perdu avant la consommation du mariage, sont demeurées vierges. Il n'y a pas, bien entendu, de réciprocité. Le mari veuf se remarie immédiatement, il n'a pas un moment à perdre pour reprendre son rang de chef de maison. La chasteté la plus rigoureuse est imposée aux veuves; nous ne pouvons dissimuler que l'inobservation assez commune de cette prescription entraîne bien des désordres et même des crimes, tels que l'avortement et l'infanticide. Les suites funestes d'une loi aussi dure n'ont pu la faire modifier. Une ancienne coutume avait permis à la femme d'un impuissant ou d'un homme mort sans enfants de lui donner une postérité mâle par son commerce avec le frère ou un parent du mari, ou même avec un étranger, mais cette coutume n'est plus en vigueur; d'ailleurs, on ne la suivait que dans les basses castes.

Les veuves sont tenues de résider avec leurs fils ou beaux-fils, à leur défaut chez d'autres parents parmi lesquels on leur désigne des gardiens. Elles doivent passer leur vie, quelque longue qu'elle soit, dans une retraite et un deuil continuels, éloignées de toutes les fêtes, soit publiques, soit de famille, que leur présence troublerait. Quant à la coutume de se brûler sur le corps de leurs maris, acte de vertueux courage, dit la loi sacrée, par lequel une femme expie tous les crimes que son époux a pu commettre et l'arrache à la région des tourments, il faut observer que ce sacrifice n'est point obligatoire, qu'il doit même être purement volontaire pour produire tout son effet. La loi ne le permet qu'aux femmes adultes en pleine jouissance de leurs facultés et de leur liberté. Il est défendu de les y exciter par des suggestions sacerdotales, ou par celles de parents intéressés à leur fin. Encore moins la violence est-elle permise; et cependant, en cela comme en bien d'autres choses, l'abus est tout près de l'usage, et ces défenses sont souvent violées. Les suttys, c'est le nom de ces sacrifices, ne peuvent, au surplus, avoir lieu qu'avec la permission de l'autorité, et ils sont formellement interdits à la veuve enceinte ou à celle dont les enfants n'ont pas plus de trois ans. On sait que les Européens luttent avec persévérance contre les *suttys* dans leurs possessions; aussi y sont-ils devenus de plus en plus rares [1]. Ce qui prouve, d'ailleurs, qu'ils

---

[1] A Pondichéry et dans les établissements secondaires français, il n'y en a pas eu un seul exemple depuis la reprise de possession, qui eut lieu en 1816.

ne sont pas non plus très-communs dans les pays encore soumis à des princes indigènes, c'est le grand nombre de veuves qu'on y rencontre.

La jouissance des biens recueillis par une veuve dans la succession de son mari n'est qu'un dépôt dont elle doit compte aux héritiers de celui-ci. Aussi lui est-il défendu de rien aliéner, si ce n'est pour les nécessités de la vie ou pour des fins pieuses et à l'avantage du défunt. L'autorisation des héritiers lui est même nécessaire pour les aliénations à titre onéreux. Quant aux donations, elles lui sont interdites, sauf celles qu'elle voudrait faire en faveur des héritiers eux-mêmes.

§ 6. — De l'Esclavage.

L'esclavage a, chez les Hindous,[1] la même origine à peu près que parmi les autres peuples. C'est aussi la captivité par suite de la guerre ; la naissance ; la condamnation pour châtiment ou pour dettes ; la soumission volontaire d'un homme libre, soit qu'il se vende, soit qu'il cohabite avec une fille esclave dont il n'est pas le maître : on l'appelle alors *esclave par amour*. La même conséquence a lieu à l'égard d'une femme libre qui s'abandonne à un esclave.

Les enfants volés pour être vendus, et le nombre en est considérable dans l'Inde, ne sont pas considérés comme valablement réduits en esclavage, au moins par les tribunaux européens. Il en serait autrement de ceux que leurs propres parents vendent dans des temps de famine.

Un homme, après s'être consacré à la vie religieuse, y renonce,

---

[1] L'Inde anglaise n'a pas participé au bienfait de l'abolition de l'esclavage dans toutes les colonies de la Grande-Bretagne ; nous croyons seulement qu'aucun Européen n'y possède des esclaves. Quant aux établissements français, dès 1792, un arrêté de l'Assemblée coloniale représentative constituée à Pondichéry avait prohibé le commerce des esclaves hindous, soit pour l'importation, soit pour l'exportation, dans toute l'étendue de nos possessions. Cet arrêté n'a pas cessé d'être en vigueur ; au moins n'a-t-il jamais été rapporté. Du reste, et quoiqu'il maintînt, pour le passé seulement, l'esclavage, en ce sens qu'il n'émancipait pas les individus soumis à cet état avant sa promulgation, ils doivent être bien peu nombreux aujourd'hui, si même il en existe encore dans nos établissements ; car, pendant un séjour de près de trois années, nous n'y avons jamais vu un seul esclave ni une seule question relative à la liberté des personnes portée devant les tribunaux.

Son apostasie, dans les deux classes des kchâtryas et des vâysiâs, le soumet à l'esclavage. Mais un brahme ne saurait jamais être réduit à cet état; s'il y consentait, on invoquerait l'intervention du pouvoir souverain pour empêcher une semblable dégradation.

La plus déshonorante des causes de l'esclavage est la vente qu'un homme libre fait volontairement de sa personne, à moins que ce ne soit par un motif d'humilité religieuse. Cette exception est fondée sur une pieuse légende, qui rapporte qu'un monarque illustre, *Harischandrâ*, après s'être dépouillé de tout ce qu'il possédait en faveur d'un saint personnage, se fit esclave d'un individu de la plus basse extraction, pour payer la dépense d'un sacrifice.

Les esclaves de naissance, ou vendus comme tels, ou transmis par héritage, le sont toute leur vie. Le suicide même ne les affranchirait pas, puisque, selon la croyance commune, ils renaîtraient esclaves du même maître dans une vie nouvelle.

Si un esclave mâle se marie à la femme esclave d'un autre, il devient lui-même la propriété du maître de sa femme, pourvu que le sien ait consenti au mariage.

Si c'est une femme esclave qui épouse l'esclave d'un autre maître, chacun d'eux continue d'appartenir à son maître respectif, et les enfants sont partagés entre les propriétaires.

L'affranchissement est de droit ou bien facultatif : de droit, pour l'esclave qui sauve les jours de son maître au péril des siens; pour le fils né de ce maître et d'une fille esclave, s'il n'a pas d'autre fils légitime ou adoptif; pour celui qui s'est vendu pour un certain temps, par l'expiration du terme; pour l'esclave par amour, lorsqu'il cesse ses relations avec l'objet aimé; pour le débiteur ou délinquant condamnés à une amende, quand ils s'acquittent; enfin, pour l'esclave qui s'est donné, lorsqu'il en met un autre à sa place. La seule volonté du maître suffit, dans tous les autres cas, pour affranchir. La forme de la manumission est des plus simples. Le maître prend un pot d'eau de dessus son épaule et le brise avec certaines cérémonies, et la liberté est acquise à l'esclave.

Le pécule des individus soumis à l'esclavage est acquis à leur maître; ils ne pourraient l'employer à se racheter, puisqu'ils n'acquièrent que pour lui; mais leurs amis peuvent effectuer ce rachat. Le pouvoir du maître emporte le droit de correction, mais il ne va pas jusqu'à celui de vie et de mort. Un maître ne pourrait pousser jusqu'à une telle extrémité l'usage de son autorité qu'à ses risques et périls. La condition des esclaves est, au reste, généralement douce dans l'Inde. Ils y sont plutôt attachés aux biens qu'à la personne; aussi figurent-ils comme accessoire, ou plutôt comme annexe, des propriétés immobilières, et quand il est question de terres, les esclaves, même quand on n'en parle pas, y sont censés compris.

§ 7. — Des Successions.

Des divers ordres de succéder. — 1° Successions en ligne directe. Sont appelés d'abord à l'héritage les fils légitimes ou adoptifs et leur descendance mâle, jusqu'au degré d'arrière-petit-fils inclusivement d'après le *Daya-crama-Sangraha*, exclusivement selon le *Mitacshara*. La représentation s'arrête aussi à ce degré.

A défaut des fils et de leurs représentants, viennent les veuves, en considération, disent les textes, de l'assistance qu'elles ont donnée à leur mari pour l'accomplissement des devoirs religieux.

Après les veuves succèdent les filles, dans l'ordre suivant : en premier lieu, celles qui ne sont pas mariées; ensuite, les filles mariées; enfin, les filles veuves; mais sous certaines conditions de jouissance des biens recueillis dans la succession. Ainsi, les filles non mariées prennent les biens en totalité, pour en conserver l'usufruit seulement leur vie durant. A leur mort, ces biens passent successivement aux deux autres catégories. La représentation, pour les filles, s'arrête à leurs fils.

A défaut des filles et de leurs fils, la succession est dévolue aux ascendants; au père d'abord; ensuite à la mère. La belle-mère ne succède pas.

2° Successions collatérales. En première ligne, les frères du défunt lui succèdent, les germains étant préférés aux utérins et consanguins; mais ces deux dernières classes passent avant les neveux même issus de germains. Cette préférence continue pour les fils des frères, le côté germain l'emportant toujours sur le consanguin et l'utérin. La raison en est que le fils d'un frère germain confère les bénéfices ou avantages religieux de la descendance à la mère du défunt.

La successibilité collatérale, dans la ligne masculine, s'arrête aux petits-neveux inclusivement, parce que les fils de ces derniers sont considérés comme étant à un degré trop éloigné pour faire les offrandes funéraires.

A défaut de petits-neveux par les frères, les biens sont dévolus aux fils des filles, à l'exclusion des oncles du défunt.

Les sœurs ne succèdent pas : leur sexe les rend inaptes aux cérémonies funèbres, et il a fallu un texte formel pour admettre les filles même à la succession du père. Cependant, cette exclusion des sœurs n'est pas admise partout. Il y a une tendance générale dans la jurisprudence à décider que le mot *frère* est générique et comprend aussi les sœurs.

Si le père qui a hérité de son fils ne laisse pas lui-même de postérité, la succession remonte au grand-père, au bisaïeul, à la grand'mère, à la bisaïeule et redescend ensuite à leur postérité respective jusqu'au fils de la fille du trisaïeul maternel inclusivement.

3° Succession en déshérence.— Dans toutes les castes, à défaut de parenté naturelle, la série des successibles se termine au camarade d'études du défunt, que précèdent : 1° son précepteur ; 2° son pupille ; 3° le prêtre qu'il emploie habituellement aux cérémonies religieuses. Si tous ces appelés manquent, les héritiers légitimes d'un kchatrya, d'un vaysia et d'un sudra sont des brahmes instruits et vertueux de la localité. Vient enfin le roi, *ultimus hœres* de ceux qui n'en ont pas.

Dans la caste des brahmes, ils héritent les uns des autres, à défaut de tous les appelés ci-dessus indiqués ; il est même interdit au souverain, sous peine de sacrilége, de s'emparer de leur succession.

Les religieux, tels que les mendiants et anachorètes qui, en renonçant au monde, ont perdu le droit d'hériter, ont eux-mêmes pour héritiers du peu qu'ils peuvent laisser, leurs confrères.

4° Succession des veuves. —Elle est réglée, dans le droit hindou, par des règles particulières, et il en devait être ainsi eu égard à la position toute spéciale qu'elles occupent dans la société. Nous avons vu que les biens par elles recueillis dans la succession de leurs maris doivent retourner, après elles, aux héritiers de ces derniers. Quant aux biens propres des veuves, à leur *stridhana*, ils passent d'abord à leurs descendants dans la ligne féminine, par suite de cette opinion accréditée chez les Hindous, que les filles tiennent davantage de la mère dans l'opération de la génération, dont ils prétendent pénétrer le mystère. Après les filles et petites-filles, les fils sont appelés à la succession de leur mère.

Lorsqu'une femme mariée ne laisse pas de postérité, la dévolution de ses biens dépend des circonstances. Si son mariage a été célébré dans toutes les formes approuvées, le mari survivant et ses héritiers succèdent à la femme. Si les formes de la cérémonie nuptiale ont été moins solennelles, les héritiers naturels de la femme succèdent seuls, les uns aux cadeaux de noces, les autres aux propriétés qui lui sont advenues pendant le mariage.

Quant à l'héritage des femmes qui meurent sans avoir été mariées, il passe d'abord à leurs frères utérins, et, s'il n'y en a pas, à leurs ascendants, la mère précédant le père.

§ 8.—De l'exclusion des successions.

Un principe religieux domine encore cette matière : celui-là est incapable d'hériter qui n'est pas apte à procéder à la célébration des obsèques.

Les incapacités sont nombreuses : elles s'appliquent à tout individu atteint de certains vices ou infirmités de corps ou d'esprit, les sourds, les muets, les aveugles, les manchots des deux bras, les boiteux des deux pieds, les impuissants, les idiots et les fous. Ils n'ont droit qu'à des aliments. Ces exclusions sont fondées sur la métempsycose, d'après laquelle les infirmités physiques sont la peine, et l'expiation de crimes commis dans une vie précédente.

La simple négligence des devoirs pieux prescrits envers les ancêtres ou l'auteur décédé peut être punie également de l'exclusion de leur succession.

Quant à l'expulsion de la caste, elle entraîne nécessairement la même déchéance. C'est, en effet, de toutes les peines civiles la plus grave qui puisse frapper un Hindou ; véritable excommunication qui le retranche de la société, qui brise pour lui toutes les relations de famille et le fait considérer comme mort, puisque, en semblable cas, on fait des libations aux dieux mânes, au nom du proscrit[1].

[1] Une autre cause d'expulsion de la caste est le changement de religion, et c'est assurément un des plus grands obstacles aux progrès du christia-

Un mariage incestueux rend également indigne de succéder. Nous avons aussi eu occasion de constater que l'entrée dans certains ordres religieux faisant réputer celui qui s'y consacre mort au monde ; il ne succède donc pas dans sa famille.

L'exclusion ou l'indignité ne s'étendent pas aux fils ni aux petits-fils de l'indigne ou de l'exclus. Ils prennent sa place dans la succession ouverte. Cependant, dans le cas d'expulsion de la caste, les descendants nés postérieurement à l'application de cette peine, participent de l'exhérédation de leur auteur.

§ 9. — Des charges de l'hérédité.

Ces charges sont de trois sortes : la première est le payement des dettes ; ce devoir est, aux yeux du législateur, d'une importance égale à celui de la célébration des obsèques. En principe, le payement doit être intégral. Si cette règle austère semble avoir éprouvé quelque adoucissement au Bengale, où l'héritier est tenu seulement des dettes *quoad vires* de la succession, dans le sud de la péninsule, le *Mitacshara*, le *Smriti-Chandrica* et le *Madhavya* prescrivent au fils de payer tout ce que devait son père, avec intérêts, ce que devait son grand-père, sans intérêts, que les biens par lui recueillis suffisent ou non. On ne connaît

---

nisme dans l'Inde. Il ne paraît pas, cependant, que les missionnaires catholiques s'en soient effrayés ni découragés, ni qu'ils aient invoqué, pour le combattre, le secours de l'autorité séculière. Mais une tentative pour abroger cette coutume intolérante fut faite, en 1845, par le gouvernement anglais, soit pour aider à la propagation de l'Evangile, soit par des considérations d'humanité et de justice. Il rendit, sous le nom de *lex loci act*, une ordonnance portant qu'à l'avenir tout gentil ou hindou qui changerait de religion conserverait sa capacité de succéder. Cette mesure excita de vives réclamations parmi les natifs. Ils se plaignirent qu'elle violait l'engagement pris envers eux par les Européens de leur conserver leurs lois et usages dans leur intégrité. L'autorité répondait qu'elle devait la même protection aux hindous chrétiens ou musulmans qu'aux gentils, et qu'il était juste qu'un natif qui embrassait l'un ou l'autre des deux premiers cultes fût garanti de toute perte de ses biens motivée par sa nouvelle profession de foi. Cette raison était au moins spécieuse ; elle ne prévalut pas, toutefois, auprès de la Cour des directeurs, à Londres, juge suprême des difficultés soulevées entre ses nombreux sujets asiatiques et le gouvernement local. Elle craignit, sans doute, les effets politiques de cette innovation sur des populations aussi ombrageuses pour tout ce qui touche à leurs institutions religieuses. En conséquence, elle refusa son approbation au *lex loci act* dont il s'agit, qui demeura ainsi sans résultat.

pas dans l'Inde la renonciation aux successions ; non plus que
l'acceptation sous bénéfice d'inventaire. Il n'est pas, à la vérité, sans exemple que dans les possessions des Européens, des
Hindous infidèles à leur propre loi aient essayé de recourir à
ces moyens de l'éluder, puisés dans la loi de leurs nouveaux
maîtres ; mais toutes les fois que cette question a été sérieu-
sement débattue en justice, elle n'a pu y recevoir d'autre
solution que celle de la vieille et inflexible coutume hindoue.
Celle-ci est cependant tempérée par quelques usages locaux, en
ce qui concerne l'obligation de payer la totalité des dettes avec
des biens insuffisants.

La seconde charge est l'accomplissement de certaines dispositions, ordinairement de libéralité modique, exprimées par le défunt pendant sa vie. Ce serait là une sorte de ressemblance avec
les legs, si, par leurs effets mêmes comme par leur forme, ces dispositions n'en différaient essentiellement. C'est ainsi, pour
ne citer qu'une preuve de cette différence, que les libéralités ou
donations de ce genre, loin d'être caduques par le prédécès des
donataires, passent à leurs héritiers.

Le successible saisi est assujetti, en troisième lieu, à fournir
aux besoins des membres de la famille placés sous la dépendance des représentants du défunt, tels que les veuves, lorsqu'elles n'héritent pas ; les mère, grand'mères, belles-mères,
les filles non mariées jusqu'à leur établissement, les filles veuves [1] ; enfin, les incapables de succéder. Il n'est pas jusqu'aux
individus chassés de la caste auxquels l'humanité de la loi n'ait
pourvu ; mais l'allocation pour eux se borne à la nourriture et au
vêtement.

§ 10. — Des biens possédés en communauté.

En exposant l'organisation de la propriété, nous avons dit que,
dans la famille hindoue, il existait entre le père et les fils un
véritable droit de communauté sur les biens provenant des ancêtres. Plus loin, et au paragraphe relatif à la puissance pater-

---

[1] Telle est la conséquence, quant à toutes ces personnes, de ce précepte
de Manou : « Jour et nuit, dit-il, il faut que les femmes soient tenues en
état de subordination. Leurs pères les protégent dans l'enfance, leurs maris dans la jeunesse, leurs enfants dans la vieillesse. Une femme n'est jamais capable d'indépendance. »

nelle, nous avons fait connaître les cas où, du vivant même du père, cette communauté pouvait cesser par un partage entre lui et ses enfants. Ce n'est pas seulement parmi les personnes unies par des liens aussi étroits que ce genre d'association, quant à la propriété des biens, existe dans l'Inde. Une coutume générale, et qui remonte aux temps les plus reculés, une coutume portant l'empreinte des mœurs patriarcales laisse en commun les biens d'une famille dont les membres descendent à des degrés divers, et souvent très-éloignés, d'une même souche. Ainsi, cet état de choses, qui a dû commencer presque toujours entre des frères, se perpétue chez leurs descendants, de génération en génération. Il est très-fréquent, au point que la communauté, ou, si l'on veut, l'indivision est le droit commun, la règle générale. Le partage, la possession séparée des biens, est, au contraire, l'exception. Un pareil régime, tout à fait spécial à ces contrées, n'offre guère que des analogies éloignées avec nos sociétés civiles, et qu'un simple rapport de dénomination avec notre communauté conjugale. Tel qu'il est, nous devons en tracer les principales règles ; car il tient une grande place dans la législation que nous analysons.

Voyons d'abord son organisation. C'est une association d'intérêts. La raison et la loi ont donc, de concert, suggéré l'expédient d'en donner la direction à un seul. Entre frères, c'est ordinairement l'aîné qui en est chargé, sous le contrôle et la surveillance des autres. Ainsi, affaires, transactions, recettes, dépenses, en un mot tout ce qui intéresse la société, y compris l'accomplissement des devoirs pieux envers les ancêtres, est fait par l'aîné seul. Il peut vendre ou acquérir ; mais le principe généralement admis en ce point, c'est que le consentement exprès ou tacite de tous les communistes est indispensable surtout pour l'aliénation, autrement celui qui l'a faite n'a pu vendre valablement que sa part et portion. C'est donc aux tiers à être prudents et avisés en semblable affaire. S'ils ont été victimes de quelque fraude, ils ont droit à des dommages-intérêts, et, dans ce cas, ils pourraient provoquer le partage.

La distinction des biens patrimoniaux d'avec les acquêts n'a pas lieu entre communistes ordinaires, comme entre un père et ses fils. Tout ce qui échoit à la masse par succession donne un droit égal aux copropriétaires. Mais les biens acquis par un des associés séparément, avec ses ressources personnelles, son industrie, par exemple, lui appartiennent exclusivement. Voici une espèce propre à faire bien saisir la distinction.

Un frère s'est plaint de ce que son aîné, après la mort du père commun, l'avait chassé de la maison paternelle, où ils avaient longtemps vécu ensemble, à la suite d'une querelle provenant de ce que le plaignant avait demandé le partage des biens communs. La masse originaire consistait, selon lui, en 1,600 pagodes (environ 15,000 fr.), augmentée depuis la mort du père

Le défendeur a répondu que l'exposé était faux. Le père, selon lui, loin de mourir riche, avait laissé 600 pagodes de dettes, et deux fils, lui défendeur âgé alors de six ans, son frère n'en ayant que trois. Par son travail assidu et personnel, il est parvenu à amasser quelque avoir, a payé les dettes de son père, s'est marié, a pourvu aux frais du mariage du demandeur, et l'a congédié avec 10 pagodes. Il ajoutait que seul il avait fait les dépenses du ménage commun, et accompli les cérémonies funèbres à la mort de la mère. Toutes ces allégations ont été prouvées. L'arrêt intervenu a décidé que les seuls biens à partager étaient la maison et la boutique du père commun, et rejeté le reste des prétentions du demandeur.

Le décès de l'un des communistes ne dissout pas l'association. Ses droits passent aux autres, s'ils sont ses héritiers. S'il laisse des fils, ils le représentent, et prennent sa place dans la communauté, qui continue entre eux et les associés de leur père. Ses filles et les autres femmes de sa maison vivent alors sous la protection et avec l'assistance de cette communauté ; ce n'est encore qu'une famille particulière de plus dans la famille générale.

Le principe que nul n'est tenu de rester, malgré lui, dans l'indivision, a sa force virtuelle aussi bien dans l'Inde que chez nous, puisque le droit de demander le partage existe pour chacun des communistes. Cependant les veuves et les filles, qui n'ont droit qu'à des aliments, ne pourraient le provoquer. Il faut être copropriétaire, dans la véritable acception du terme, pour être admis à faire cesser l'indivision. Rien ne s'oppose, du reste, à ce qu'elle continue à l'égard de tous les autres communistes, si un seul veut en sortir ; on lui délivre sa part, et tout est dit. L'existence d'un mineur parmi eux n'est pas même une cause forcée de partage, à

moins que les tuteurs n'allèguent et ne prouvent des déprédations dont ses intérêts pourraient souffrir. C'est là encore un cas
de partage isolé et forcé.

Il eût été à désirer que la cessation de communauté ne pût résulter que d'un acte écrit passé entre tous les cointéressés. C'est
aussi le mode recommandé par la loi, et on l'appelle acte de
Visty. Mais l'usage de s'en passer et de procéder au partage en
présence de témoins ou de parents étrangers à la communauté
prévaut trop souvent, et devient une source de contestations
lorsque le partage remonte à une époque reculée. La preuve en
est donc presque toujours laborieuse. Pour faire cesser la présomption légale de communauté et démontrer une jouissance
distincte , à défaut d'écrits , il faut recourir à des moyens
empruntés aux mœurs nationales ou à des faits qui excluent
l'indivision. Tel sera, au premier cas, l'accomplissement, opéré
séparément, des devoirs religieux par des membres d'une ancienne association, car ces cérémonies se font en commun,
ou même par un seul au nom de tous, lorsqu'elle existe ; les
repas, préparés et pris séparément sont d'autres indices de
partage. Dans la seconde catégorie, se rangent les transactions
entre les ex-communistes, démontrant qu'ils ont cessé de l'être,
comme des prêts mutuels, des ventes, des donations.

Tout ce qui a été possédé en commun est matière à partage,
sauf certains objets qui en sont exceptés par la loi. Des terres ou
revenus affectés à des fondations pieuses ne sont pas susceptibles
de division ; les habits et joyaux à l'usage personnel de chaque
membre de la famille lui sont laissés ; mais les costumes de
cour et les parures d'un grand prix que l'on ne porte que dans
les occasions solennelles ne sont pas non plus partagés. Ces sortes de choses restent communes pour l'usage. Comme on les loue
souvent à des étrangers, elles ne demeurent pas improductives
pour les copropriétaires. Serait-ce aussi une porte laissée ouverte à une nouvelle association entre eux ? On serait tenté de le
croire par l'espèce d'encouragement que la loi leur donne ;
car elle reconnaît et déclare que tout solennel et définitif que
soit un partage de communauté, il n'est jamais cependant irrévocable, puisque ses anciens membres peuvent la recommencer ,
on les appelle alors *réunis*, unis de nouveau.

Il est permis de revenir sur des partages consommés, pour

cause d'omission volontaire ou non d'objets qui devaient y être compris et d'inégalité ayant occasionné une lésion ; enfin, pour compléter l'opération, si elle n'a pas compris l'intégralité de la masse partageable.

§ 11. — Des Contrats.

Nous devons nous borner, sur un sujet aussi étendu, à l'indication des conditions communes aux conventions en général et du caractère particulier de celles qui sont le plus usitées.

L'intention de s'engager, un consentement libre et éclairé de la part des contractants sont, avant tout, requis par la loi. Elle répute comme ne pouvant avoir ou exprimer ni l'une ni l'autre les mineurs, les idiots, les fous, les individus parvenus à la décrépitude. Les passions qui troublent l'intelligence, comme la crainte, le chagrin, la colère, la concupiscence, excluent également la liberté de contracter. Il en est de même de l'ivresse, de la contrainte et de la fraude. Jagannatha, l'auteur du dernier digeste hindou, résume ainsi sur ces points la doctrine de Naréda :

« Lorsque le propriétaire d'une chose, sachant discerner ce qui peut être fait d'avec ce qui est défendu, et guidé seulement par sa volonté, déclare que c'est son intention actuelle de se dépouiller de sa propriété pour en investir un autre qui est capable de recevoir et qui est désigné par lui, une telle volonté transfère la propriété. Dans les cas de crainte ou d'entraînement, l'homme n'est plus guidé par sa seule volonté ; il l'est uniquement par la volonté d'un autre. Si c'est la colère qui le transporte ou quelque passion semblable, ce n'est plus un homme capable de discerner ce qui lui est permis d'avec ce qui lui est défendu. Est-il effrayé, terrifié par un tiers, il donnera tout ce qu'il possède à quiconque éloignera le sujet de sa terreur, son esprit n'est point dans son état naturel, etc. »

Après la capacité et la liberté des contractants, la loi demande un objet ou cause licite dans les conventions. Ainsi, ce qui aurait été donné par un motif illégal ou honteux, comme de l'argent, pour corrompre ou suborner, doit être restitué.

Formes des contrats. — Quoique nulle part leur validité ne soit subordonnée à la rédaction d'un acte, le législateur hindou est loin de méconnaître l'utilité de la preuve écrite. Elle est devenue plus facile à faire depuis que l'exemple, et quelquefois les règlements des Européens pour constater par des actes leurs relations d'intérêt avec les naturels du pays, ont convié ceux-ci à recourir plus souvent à cette forme pour leurs propres affaires.

La rescision est admise pour les contrats à titre gratuit, aussi bien que pour ceux à titre onéreux.

Espèces de contrats. — Les transactions les plus usitées chez les peuples civilisés doivent être les mêmes partout. Il en est cependant qui participent plus ou moins des coutumes et des mœurs de chaque nation. Dans l'Inde, par exemple, *le dépôt* est très-fréquent et on en compte jusqu'à six sortes. Mais il est facile de reconnaître que la plupart se rapprochent de conventions auxquelles une autre dénomination serait plus applicable, telles que *le prêt à usage, le gage, le louage* même.

Quant au dépôt simple, *tant déposé, tant restitué,* tel est l'adage souverain, et Manou dit que c'est la règle du Véda. Mais les faits de force majeure, ceux de Dieu, du prince, comme aussi la violence ou le crime exonèrent le dépositaire, sa responsabilité étant inséparable de la faute qu'il aurait commise pour la conservation du dépôt. S'il est en même temps créancier, il peut retenir la chose déposée.

Le *gage* ou *nantissement* est presque toujours l'accessoire nécessaire du prêt. Les juristes hindous conseillent même de prendre un gage lorsqu'on prête à un parent ou à un ami contre lequel il serait pénible d'avoir à exercer des voies de rigueur pour se faire payer, tandis que la vente du gage, permise dans ce cas, est un moyen de tout concilier. Mais Naréda va plus loin encore dans ses Institutes : « Que personne, dit-il, ne fasse affaire d'argent avec celui dont l'amitié lui est chère, ni, ajoute-t-il, ne visite sa femme en son absence. »

Le gage est inaliénable de la part du propriétaire, tant que le prêt subsiste et qu'il y a lieu à la perception des intérêts. Le gagiste lui-même ne peut vendre qu'après l'expiration du terme stipulé pour le remboursement du prêt.

C'est principalement à l'occasion du *prêt de consomption* ou de *consommation* que la loi s'est occupée de l'intérêt, considéré par elle à titre de compensation ou d'indemnité pour le prêteur. Le taux en est fort élevé dans l'Inde et en raison directe des rapports d'affaires entre personnes de castes différentes. Ainsi, plus l'emprunteur est de caste distinguée et le prêteur de basse caste,

plus l'intérêt est fort. Il n'y a pas de tarif légal quant à son chiffre; il dépend des conventions et est dû jour par jour, d'après
Manou. Cependant l'anatocisme est prohibé. Au moins faut-il
un nouveau compte de capitalisation des intérêts échus pour
qu'ils puissent en produire. Mais quand l'accumulation des intérêts atteint et égale le capital originaire, la perception s'arrête,
car ils ne peuvent le dépasser. Une exception a été faite pour
les prêts en grains ou autres denrées.

Le *louage des choses* est régi d'après les mêmes principes que
le dépôt ou le prêt, en ce qui concerne la responsabilité pour
la perte ou dégradation de l'objet loué. Quant au *louage d'ouvrage*, contrat fort usité chez les Hindous, il y est soumis à
des règles en quelque sorte locales, comme ce qui en fait la matière le plus souvent, c'est-à-dire la conversion de métaux pré-
cieux en un travail quelconque. Lorsque l'ouvrier a contracté
pour le prix de la main-d'œuvre ou pour le temps qu'il doit
employer, s'il ne réussit pas ou s'il ne livre pas l'ouvrage dans
le délai stipulé, il perd son salaire. Il répond de la perte ou du
dommage de la matière à lui confiée, s'ils ont lieu par sa faute. La
même garantie est imposée au voiturier ou conducteur public.

Le payement du prix et la délivrance de la chose opèrent la
conclusion parfaite de la *vente*. Les parties peuvent cependant
convenir que la chose vendue, quoique non encore délivrée,
sera aux risques de l'acheteur.

Si, au lieu du prix entier, l'acheteur n'a payé que des arrhes,
il peut se dédire en les perdant; si c'est le vendeur, il doit les
rembourser au double.

La vente de la chose d'autrui est nulle. Pour éviter cette fraude,
la loi conseille ce qu'on appelle un *marché ouvert*, c'est-à-dire,
une vente faite devant les officiers du roi, parce que là le vendeur est connu. Si, malgré cette précaution, la vente est attaquée
par un tiers se disant propriétaire, on donne à l'acheteur le temps
de rechercher son vendeur; ce dernier étant mis en cause, le
propriétaire rentre dans son bien quand il a justifié sa reven-
dication, et l'acheteur rentre dans son prix. Dans le cas où le
vendeur ne pourrait être retrouvé, le contrat n'en serait pas moins
annulé; mais le vrai propriétaire ne pourrait recouvrer son
bien qu'en payant à l'acquéreur la moitié de ce que ce dernier
a déboursé; on suppose qu'il y a toujours eu quelque négli-

gence de la part de celui dont le bien a été vendu par un autre.

La rescision de la vente est admise pour un prix non pas seulement élevé, mais excessif, évaluation laissée à l'arbitrage du juge. Quant aux choses vendues publiquement, comme le prix en est fixé par l'autorité, toute combinaison pour éluder cette fixation est punie d'une forte amende.

On connaît aussi, dans la législation hindoue, la rédhibition pour vices de la chose vendue, inconnus aux parties. L'acheteur a le droit de la rendre dans un délai déterminé, mais qui varie selon la nature plus ou moins périssable de la chose. Quand il y a eu dissimulation frauduleuse du vice caché, la rédhibition est admise, à quelque époque qu'elle soit demandée.

Il y a des peines portées contre les vendeurs à faux poids, contre ceux qui trompent sur la qualité et l'espèce des marchandises ; par exemple, si l'on a vendu pour un rubis un morceau de verre coloré ; si l'on a contrefait une peau de tigre, en peignant, pour l'imiter, une peau de chat, et autres cas semblables. L'amende est alors de huit fois le prix de la vente.

Nous croyons devoir terminer ce qui a trait à la vente par la citation d'un acte destiné à constater celle d'une propriété immobilière. Il est exactement traduit de l'original, et nous l'avons emprunté aux pièces d'un procès porté devant nous. On y verra, sans doute, que lorsqu'ils recourent à ce mode de constater leurs conventions, les indigènes méritent les éloges qu'on leur a souvent donnés pour la clarté, la simplicité, la précision qu'ils savent y mettre, et l'art d'exprimer en peu de mots tout ce qui est nécessaire, sans phraséologie inutile. L'auteur de ce contrat est un simple écrivain public de village.

« L'année Atchéa [1], le 30 vayassi (ou 1ᵉʳ juin 1806), acte de vente passé au profit d'Annamodéliar, domicilié à Karikal, par Mounabaguiamalle, femme de Coutchilia Venguédessayen [2], aussi domicilié audit lieu, savoir :

L'aldée [3] d'Odoudouré est composée de soixante parts ou por-

---

[1] On sait que le cycle des Hindous est de soixante années, dont chacune a un nom comme les jours de la semaine et les mois dans tous les calendriers.

[2] Le bien vendu était évidemment un propre de la femme. Le mari ne comparaît pas dans l'acte, mais il y est représenté par un *agent*, c'est-à-dire mandataire.

[3] Ce mot d'*aldea*, qui signifie bourg ou village, existe avec le même sens

tions de terre. Il m'appartient dans cette aldée neuf parts trois quarts, sur lesquelles je reconnais vous en avoir vendu deux et demie, qui ont été déterminées par quatre personnes au prix de cent vingt-sept pagodes et demie ; laquelle somme de cent vingt-sept pagodes et demie, comme je l'ai reçue comptant sur la vérification de Mouttiachettiar, je vous ai remis le titre primitif de ces deux portions et demie de terre. En conséquence, vous jouirez et disposerez en toute propriété des terres à nélys [1] et à menus grains, portées dans le titre précité, comme de choses à vous appartenant, de génération en génération, de fond en comble, jusqu'à la durée de la lune [2], avec leurs accessoires, tels que plaine, prairie, canal, étang, marais, fruits et toutes sortes d'arbres et plantes. Il n'y a point de trouble sur cette vente ; je, vendeur, en serai garant et responsable, les arrérages dus par moi à la Compagnie et aux sous-cultivateurs et les arrérages de la ferme et de l'aldée, avant la passation du présent acte de vente, ne vous regardant pas. En foi de quoi, je, Mounabaguiamalie, femme de Venguédessayen, ai de bon gré souscrit le présent acte de vente audit Annamodéliar. De quoi sont témoins Vaïtinadayer et Mouttouvengadassalapoullé.

Ce fut dressé par Séchayenagar, écrivain de l'aldée. Signé par marque, Mounabagué. Signé pour témoins : Vaïtinadayer et Mouttouvengadassalone. Signé, Kichenayer, agent de Coutchilia. Signé Mouttione, qui a vérifié l'argent. »

Dans cette rapide esquisse du droit civil hindou, il est impossible qu'on n'ait pas remarqué, à côté de principes qui lui sont exclusivement propres et de dispositions tout à fait originales, des analogies singulières, des rapports de similitude surprenants avec d'autres législations en général, et avec la nôtre en particulier. Une ressemblance, qui va quelquefois jusqu'à la concordance entre les textes, n'a pu manquer de frapper déjà depuis longtemps les savants voués à des études de législation comparée. Cette espèce de phénomène n'a pas échappé non plus à d'autres observateurs des choses humaines. Divers systèmes se sont produits. Les uns ont eu pour but de rechercher et pour ré-

dans les langues portugaise et espagnole, qui l'ont sans doute reçu des Arabes. Il est probable que ce sont les Portugais qui l'ont porté dans l'Inde.

[1] Nom hindou du riz.

[2] Il faut passer cette formule à des Orientaux.

sultat d'affirmer dans l'histoire générale une descendance, une filiation positive du droit des nations, soit anciennes, soit modernes, de celui des peuples primitivement policés, tels que les Hindous, dont l'antiquité si reculée est incontestable. Des partisans de cette opinion sont allés juqu'à prétendre que le premier type des lois romaines se retrouvait chez les législateurs de l'Inde. Rome les aurait empruntées à la Grèce, et la Grèce les aurait dues à la civilisation de l'Orient. L'Inde serait donc la vraie patrie du droit. D'autres esprits moins hardis ont cru qu'il en était des lois comme de la poésie, de l'éloquence, des arts libéraux en général; que dans les sociétés parvenues à un certain degré de bon ordre, de politesse et d'élégance, le sentiment du juste, comme celui du beau, devait conduire à des résultats plus ou moins identiques, sous les modifications nécessaires des temps, des lieux, des climats et d'autres influences particulières. Un penseur profond a dit à ce sujet : « Les peuples ont une commune nature sous beaucoup de rapports, et ils possèdent des législations analogues sur des faits sociaux semblables. » (Vico, *Scienza nuova*). C'est là, du reste, une grande question que nous oserons d'autant moins entreprendre de résoudre, que les éléments n'en sont pas encore réunis. Les recherches qui se poursuivent aujourd'hui avec tant d'ardeur sur les origines des peuples interrogées dans celles des langues, prépareront la solution de ce qui est encore à nos yeux un problème. Ce qu'il est permis, du moins, de dire, en attendant les découvertes qui se préparent, c'est que si elles ne prouvaient pas, en définitive, que les législateurs de l'Inde ont eu la gloire de servir de guides et de modèles à ceux d'Athènes et de Rome, ce serait toujours pour les premiers un assez grand honneur que d'avoir précédé tous les autres dans la promulgation des lois les plus sages, en gravant avant eux sur leurs propres tables ces préceptes d'éternelle justice et d'équité universelle, destinés à gouverner le monde à toutes les époques de lumières et de progrès.

NOTICE

SUR

LE RÉGIME ADMINISTRATIF ET JUDICIAIRE

DES

ÉTABLISSEMENTS FRANÇAIS DANS L'INDE

CONSIDÉRÉ PRINCIPALEMENT

DANS SES APPLICATIONS AUX NATURELS DU PAYS.

PAR M. BOSCHERON-DESPORTES,

Président de la Cour impériale d'Agen.

Nous avons essayé de tracer l'histoire et les éléments du droit civil des Hindous. Cette législation, comme nous l'avons fait remarquer, régit toujours la vaste contrée où elle prit naissance, même dans celles de ses parties, et ce sont les plus étendues, que les Européens occupent aujourd'hui. Mais un peuple n'est jamais assujetti à un autre sans que ses usages, ses mœurs, ses lois mêmes, se ressentent de la conquête. Il en a été ainsi pour l'Inde. Nous ne voulons pas dire cependant que chez cette nation, de toutes celles de la vieille Asie la plus opiniâtrément attachée à sa religion et aux coutumes qui en dérivent, le contact des étrangers ait introduit des altérations essentielles. Toutefois, les relations nécessaires, inévitables, amenées par la force des choses, le frottement continuel entre les anciens habitants du pays et ses nouveaux maîtres, donnent au moins naissance à des innovations, importées par ces derniers, et qui modifient plus ou moins les habitudes des premiers. De là une sorte de droit mixte et international, obligatoire pour les uns et pour les autres ; un échange d'idées et de pratiques dans lequel pourtant la classe gouvernante met plus du sien que la population gouvernée. Ce sont quelques dispositions de ce droit nouveau que nous voudrions faire connaître. Cette étude nous semble susceptible d'intérêt, soit parce qu'elle complète celle des institutions de l'Inde, soit parce qu'elle peut mettre en lumière le genre d'influence qu'y exerça l'établissement des Européens. Comment la justice était-elle administrée dans ces pays lointains? Quels abus eut-elle plus particulièrement à réprimer parmi

1855

les natifs? Quelles tendances, soit anciennes, soit récentes, ces abus nous révèlent-ils chez eux? Qu'a-t-on fait, depuis plus de cent cinquante ans, pour les instruire et les moraliser? Enfin, l'assiette et le mode de perception des revenus publics fondés dans ces contrées sur des principes et des bases tout à fait différents de ceux qui sont généralement adoptés en Europe, et surtout en France; tels sont les divers objets que nous nous proposons d'examiner successivement.

On sait que la Compagnie française des Indes orientales date de loin, puisqu'elle remonte à Henri IV. Ses commencements furent nécessairement laborieux, et ses développements fort lents. Ce n'est qu'en 1676 que Caron, l'un de ses premiers agents en titre, établit à Surate, à l'entrée du golfe de Cambay, dans la mer d'Arabie, le centre des affaires de la Compagnie. Ce chef-lieu avait été doté, dès 1671, d'un Conseil souverain de justice, dont nous allons bientôt faire connaître l'organisation en parlant de celui de Pondichéry. En 1678, cette dernière ville avait été fondée sur la côte de Coromandel, dans le golfe de Bengale, bien loin de Surate par conséquent, et les affaires de la Compagnie y prospérèrent si rapidement, par le commerce et par les armes, que Pondichéry ne tarda pas à devenir le point le plus important des établissements français. Aussi, en 1701, au mois de février, un édit de Louis XIV y créa-t-il un Conseil souverain semblable à celui de Surate. Cet édit compose le Conseil souverain de trois juges pris parmi les directeurs généraux de la Compagnie, s'il s'en trouve sur les lieux; à leur défaut, du directeur général du comptoir de Pondichéry, et de trois des principaux marchands qui y résideront. Ils prononcent souverainement en dernier ressort et sans appel, savoir : en matière civile, au nombre de trois, et de cinq en matière criminelle. Dans ce dernier cas, on adjoint aux membres titulaires du Conseil des Français capables et de probité pour compléter les cinq juges nécessaires. Dans les petits comptoirs [1], le chef de l'établissement rendra la justice en première instance seulement et sauf l'appel au Conseil souverain de Pondichéry, en s'adjoignant deux ou quatre Français, selon la nature diverse des affaires. Les directeurs de la Compagnie ont le droit de révoquer les membres du Conseil, mais au roi seul

[1] C'étaient alors ceux d'Ougly, Balassor, Cassimbazar, Cabripatnam et Masulipatam.

appartient de nommer leurs successeurs. L'édit nomma, en effet, pour la première fois, le directeur du comptoir de Pondichéry, François Martin, et trois marchands désignés, François de Flacourt, Pierre Le Phelyponnat de Chalonges et Claude Boivin d'Hardancourt. Ce tribunal a le droit de commettre telle personne capable qu'il avisera pour faire, au nom du roi et dans l'intérêt public, tant au civil qu'au criminel, les réquisitions qu'il appartiendra, comme aussi un greffier. Le sceau royal sera apposé sur les jugements du Conseil ; la garde en est confiée au directeur général du comptoir, et, en son absence, au plus ancien du Conseil. Telles sont les principales dispositions de l'édit, dont l'ampliation, qui existe encore dans les archives de la Cour à Pondichéry, est revêtue des signatures autographes de Louis XIV et du chancelier de Pontchartrain.

On rencontre ici, et nous devons le faire remarquer, le germe d'une institution locale, commune d'ailleurs à toutes les colonies françaises, et qui y subsiste encore : c'est celle des adjoints aux membres titulaires de la magistrature, sous le nom d'assesseurs ou de juges notables. Ils sont toujours choisis parmi les habitants du pays, mais Français de naissance ou d'origine, et sans distinction de race ni par conséquent de couleur. C'est une sorte de jury qui participe à l'administration de la justice, surtout en matière criminelle. On sent qu'il en doit être nécessairement ainsi, ces auxiliaires se trouvant souvent indispensables pour compléter le personnel des tribunaux dans des lieux si distants de la métropole. Ce qui est moins facile à justifier, c'est cette composition d'une magistrature dont les membres titulaires étaient pris, soit parmi les autorités, soit parmi des personnes placées sous leur influence. N'y avait-il pas encore un grave inconvénient à confier le droit souverain de juges à des marchands de la Compagnie, naturellement enclins à prendre et à faire triompher ses intérêts toutes les fois qu'ils se trouveraient en lutte avec ceux des simples particuliers ? Quelle garantie de lumières et d'instruction du droit pouvaient enfin présenter de simples négociants appelés à statuer sur des matières souvent étrangères au commerce ? L'expérience révéla, sans doute, tout ce qu'avaient de disparate et d'insuffisant de semblables éléments d'un corps judiciaire. Ce ne fut cependant qu'en 1776 qu'on s'occupa de les réformer. Il est vraisemblable que les événe-

ments politiques, les vicissitudes et les désastres dont furent
frappées, dans l'intervalle, nos possessions de l'Inde, avaient fait
ajourner jusque-là des changements reconnus indispensables.
A la date que nous venons d'indiquer et au mois de février, un
véritable corps de judicature fut organisé à Pondichéry, sous le
titre de Conseil supérieur. Il était composé de sept conseillers titulaires nommés en France, jouissant d'un traitement, et dont
le doyen avait la présidence. Le commandant général ou chef
suprême des établissements n'avait plus que celle d'honneur.
Seulement, on crut devoir encore, par un reste de déférence
pour l'administration, conserver à l'intendant ou commissaire
général la préséance sur les magistrats, avec voix délibérative,
quoiqu'il ne prononçât pas les arrêts. La législation que le Conseil devait appliquer consistait dans : 1º la coutume de Paris,
droit commun des colonies françaises, mais qui, dans l'Inde
surtout, ne pouvait régir que les sujets français, les natifs jouissant du privilége de n'être jugés que d'après leurs propres lois ;
2º l'ordonnance de 1670 pour les affaires criminelles ; 3º les lois
particulières faites et à faire pour l'Inde ; 4º en toutes matières,
les lois et ordonnances du royaume en général. Il y avait un
procureur général, un substitut, deux assesseurs, un greffier en
chef et un commis-greffier. En cas de besoin, le Conseil était
autorisé à se compléter par des notables. Cette nouvelle Compagnie fut installée solennellement le 27 juin 1777 ; mais son
existence ne fut pas de longue durée. Dès l'année suivante,
Pondichéry, assiégée par les Anglais, fut obligée de capituler,
malgré la belle défense du gouverneur, M. de Bellecombe. Ce
fut le signal d'une nouvelle ruine pour nos établissements, dont
l'état déplorable força le gouvernement métropolitain à entrer
dans la voie des économies. Un nouvel édit du mois d'août 1784,
se fondant sur la diminution du commerce, sur le peu de gravité
des intérêts qui se traitent dans l'Inde, ramena le Conseil supérieur à son organisation primitive de 1701. Les choses subsis-
tèrent ainsi jusqu'à la révolution et même après la nouvelle occupation de Pondichéry, en 1793, par les forces anglaises. En
1805, une cour de judicature y fut établie par le gouverneur de
Madras. C'était un tribunal composé de trois juges titulaires et
de deux assesseurs, et qui n'était pas souverain, puisque l'appel
de ses décisions était porté au chef de la présidence de Madras,

siégeant en conseil. Après la reprise de possession, en 1816, un des premiers soins du gouvernement français fut d'y réorganiser la justice. Le Conseil supérieur créé à cette époque prit, en 1819, le nom de Cour royale. Remaniée encore en 1827, l'administration judiciaire y reçut enfin, par l'ordonnance du 7 février 1842, calquée à beaucoup d'égards sur l'édit de 1776, un personnel et des attributions qui, à l'inamovibilité près des magistrats et sauf quelques différences de compétence, les assimilent à ceux de la métropole. Nous n'analyserons pas cette ordonnance contemporaine et qui n'est pas dès lors dans le domaine de l'histoire.

Mais la haute juridiction qui, depuis son origine jusqu'à présent, sous les dénominations diverses de Conseil souverain, Conseil supérieur, Cour royale ou impériale, a existé et existe encore, dans la capitale de nos établissements de l'Inde, était plutôt instituée pour connaître des intérêts et des affaires des Européens que des natifs. En effet, sous le rapport civil principalement, ces derniers étaient rarement dans le cas de comparaître devant le degré supérieur, le chiffre de sommes ou valeurs, objet des litiges entre eux, étant généralement peu élevé. Il y avait aussi des matières de police, des délits même peu importants exigeant une expédition prompte, une répression sommaire qu'il ne fallait pas retarder en l'attribuant au tribunal souverain. Aussi en avait-on établi un à la base de la hiérarchie judiciaire, destiné à connaître de toutes les petites causes civiles, des contraventions et des infractions légères. Cette juridiction inférieure, fort ancienne, était connue sous le nom de tribunal de la *Chaudrie*, parce qu'il tenait ses séances dans un de ces bâtiments publics qu'on appelle ainsi dans l'Inde, et qui servent à divers usages, d'abri aux voyageurs, de salle d'audience, et même de lieu de réunion pour le culte là où il n'y a pas de temple. Ce tribunal était véritablement celui des indigènes. Il se composait d'un lieutenant civil et de deux assesseurs, ces derniers pris parmi les sous-marchands ou sous-employés de la Compagnie, et il prononçait en dernier ressort sur les sommes ou valeurs de 150 roupies (325 fr.), et au-dessous. Les ventes en justice, les partages et adjudications se faisaient au tribunal de la Chaudrie. En matière criminelle, le lieutenant général de police, qui y tenait son siége, avait dans ses attributions l'exécution des ordonnances municipales, la répression des faits de police simple et de police correctionnelle. Sa compétence pouvait même aller plus loin, car, à une certaine époque, il eut le droit de prononcer des peines afflictives et corporelles, même de mort, si le cas y échéait, contre toutes personnes atteintes et convaincues d'avoir fait des titres faux ou d'en avoir falsifié. Cette rigueur exceptionnelle cessera d'étonner lorsqu'on saura que dans l'Inde aucuns crimes ne sont plus fréquents que ceux qui proviennent d'une altération quelconque de la vérité, depuis le parjure jusqu'au faux matériel, et qu'on se rappellera que ce dernier crime était autrefois puni en France de la peine capitale. Parmi celles que le lieutenant général de police pouvait prononcer, et qu'il appliquait le plus ordinairement, figurent l'emprisonnement et le fouet. Cette dernière a été constamment infligée, et nous pensons qu'elle l'est encore, mais seulement aux Indiens de basse caste. Les femmes n'y ont jamais été soumises. Quant à la mutilation des oreilles, autre châtiment emprunté aux anciens usages du pays, nous ne croyons pas qu'il ait jamais été appliqué par des magistrats français, et, dans tous les cas, il y a longtemps qu'il a disparu du Code pénal hindou. Un genre d'affaires tout spécial à l'Inde, et qui s'y présente fréquemment, était encore dans les attributions du juge de police comme il l'est aujourd'hui dans celles du juge de paix, ce sont les affaires dites *de caste;* c'est-à-dire les contestations et querelles entre les diverses tribus qui partagent la population indigène. Cependant, lorsque ces débats ont une certaine importance et touchent à la politique, ils sont évoqués par le gouverneur. Enfin, les loteries, les enfants trouvés, les lépreux, la surveillance des aubergistes, celle des denrées et comestibles, des arrivages par mer, les plaintes des maîtres contre les domestiques, achevaient de donner au lieutenant général de police une juridiction des plus étendues. On voit, dès lors, combien le tribunal de la Chaudrie était occupé. Il subsista jusqu'en 1827, époque de l'institution d'un tribunal de première instance qui le remplaça pour les matières civiles, tandis que le juge de paix lui succédait pour celles de police. Il y avait aussi à Chandernagor un tribunal dit de la Cacherie, ou *Catcherie,* parce qu'il tenait ses séances dans le bureau de perception des deniers publics. Il était pour cette localité ce que le tribunal de la Chaudrie était à Pondichéry. La nouvelle organisation judiciaire entraîna également sa suppression.

Maintenant que l'on connaît les anciens tribunaux français dans l'Inde, il faut les voir à l'œuvre, principalement à l'égard des natifs. Ces juridictions n'avaient pas été, à coup sûr, établies pour développer chez ces derniers de mauvais penchants. Ce fut pourtant ce qui arriva. Ce n'est pas un des traits de mœurs le moins frappant que le génie de la chicane inné dans un peuple doux jusqu'à la faiblesse, mais par cela même porté à remplacer l'énergie par la ruse, à substituer la finesse à la droiture. Or, dès le milieu du siècle dernier, les Hindous déployaient devant nos tribunaux une fécondité d'expédients, une habileté dans les détours de la procédure qui auraient fait honneur parmi nous, à cette époque, au procureur le plus madré. C'est ce que vont nous révéler les préambules des arrêts de règlement du Conseil supérieur de Pondichéry, des 18 novembre 1769, 30 décembre de la même année, et 28 janvier 1778, et les mesures prises par ces divers arrêts. « L'esprit processif naturel aux Malabars [1], dit le préambule du premier, ayant fait assez de progrès pour porter atteinte à la subordination, plus encore au bon ordre des familles par la contrariété ou au moins la confusion des principes invoqués par les uns et par les autres, notre dite Cour croit indispensable de borner le droit des appels de la Chaudrie, dont l'usage est plus commun à proportion de la connexion plus fréquente des intérêts des noirs avec ceux des Européens. En vain essayerait-on de ramener au cri du bon droit des gens qui, par goût, se font une douce occupation de promener de tribunaux en tribunaux, de réchauffer de générations en générations les prétentions les plus absurdes, soit en saisissant l'omission de quelques points, soit en réservant, comme pierres d'attente, des pièces non produites, soit enfin en profitant de la perte de quelques titres de la part de leurs adverses parties, pour remettre en question des choses jugées, même dès la génération précédente.

« Informé d'ailleurs par des procès intentés au tribunal de la Chaudrie entre Malabars, que les créanciers ou prêteurs pour leurs affaires personnelles exigent des débiteurs ou emprunteurs des billets au nom de leurs maîtres ou tierces personnes, dans lesquels ils paraissent simplement comme témoins ; trou-

---

[1] C'est la dénomination générique des indigènes, même sur la côte de Coromandel, dénomination qu'ils se donnent à eux-mêmes comme exprimant leur nationalité.

vant dans ces manœuvres tortionnaires et contraires à la bonne foi une source de désordres intolérables, puisque ces prêteurs abusent de la confiance que les maîtres ont en eux ; qu'ils en imposent formellement au preneur, au public, et, suivant les cas, à la justice ; qu'il peut naître de telles formes des occasions de malversations qui peuvent faire tort aux uns et aux autres, ouï sur le tout le procureur général... »

Suit une série de dispositions législatives, dont les principales sont : que l'appel est interdit aux Indiens dans les causes n'excédant pas 50 pagodes d'or (420 fr.). L'amende à consigner, lorsque l'appel est recevable, est fixé de la moitié au dixième des valeurs en contestation, depuis 50 jusqu'à 1,000 pagodes et au-dessus. Les pièces produites, après la consignation d'amende, seront cotées et paraphées par le juge de première instance. Il est défendu de produire en appel aucune pièce nouvelle qui n'ait été communiquée aux premiers juges. S'il est reconnu qu'elle n'a pu l'être, elle sera jointe aux pièces du procès. Si, au contraire, la production avait pu être faite, et qu'on l'ait omise par mauvaise intention, le Malabar, ou tout autre Indien appelant qui voudra s'en servir, payera une amende arbitraire, et la pièce demeurera jointe pour être soumise à la révision du premier juge. — Les billets ou obligations simulés sont déclarés nuls et de nul effet, avec amende arbitraire contre les auteurs ou complices de la simulation, y compris les maîtres assez faibles pour s'y prêter. A ces prescriptions, suggérées par la nécessité de réprimer des abus flagrants, le Conseil en ajoute d'autres, destinées à faciliter et à régulariser les rapports d'affaires entre Européens et Indiens, et à donner l'authenticité à leurs transactions. Un notaire européen et un tabellion malabar recevront les actes, chacun dans sa langue, et en garderont minute. Le second de ces officiers passera ceux qui interviendront entre les gens du pays. On est surpris de voir que le règlement du 28 janvier 1769 croie devoir dire que les Indiens ne pourront *tester* que devant le tabellion malabar. C'était montrer bien peu de connaissance des lois hindoues qui, nous l'avons dit en les exposant, ne connaissent pas le testament même de nom. Il est vraisemblable que ce genre de disposition s'était glissé dans les mœurs locales depuis l'arrivée des Européens et à leur imitation. Il n'en était pas plus valable, surtout lorsque le règlement du 30 décembre de la même année reconnaissait solennellement : « Que la *nation* (c'est ainsi que s'intitulaient les nouveaux maîtres du pays) s'étant engagée, dans les commencements de son établissement à Pondichéry, à juger les Malabars et autres Indiens selon leurs mœurs, us, coutumes et lois, le lieutenant civil se conformerait à cet égard à ce qui avait été pratiqué jusqu'à ce jour au tribunal de la Chaudrie. »

On croira sans peine que les abus dont se plaignaient les magistrats en 1769, et qui leur suggérèrent des mesures dont quelques-unes pourront paraître quelque peu étranges à des juristes, ont été bien facilement réprimés depuis l'introduction du Code de procédure dans l'Inde française [1]. Les moyens subreptices, imaginés par les natifs pour y éterniser les procès, la simulation dans les actes, qui excitaient l'indignation du Conseil supérieur et de ses membres, peu versés dans l'étude des lois, ne pouvaient tenir longtemps devant leur application par des juges éclairés. Mais si la fourberie a été plus facilement déconcertée, la tendance à y recourir est restée la même. L'art de tromper est toujours pratiqué par certains Hindous sur une grande échelle. C'est surtout dans la fabrication et l'usage des faux qu'ils se montrent passés maîtres. Entre plusieurs exemples de ce genre de crime dont nous avons été témoin, nous n'oublierons jamais celui de deux frères pauvres, mais assez lettrés, et qui étaient entrés au service d'un riche habitant des environs de Karikal, homme simple et confiant. Pendant douze ans, ces serviteurs infidèles travaillèrent avec persévérance à ourdir sa ruine, creusant patiemment sous ses pas la mine qui devait la faire éclater. Initiés à toutes ses affaires, ils abusèrent de cette connaissance pour le constituer leur débiteur à l'aide d'obligations fausses, mais rendues vraisemblables par d'habiles manœuvres. Ils avaient ainsi usurpé à peu près, et à son insu, toute sa fortune, lorsqu'ils poussèrent la hardiesse jusqu'à simuler la vente, à leur profit, d'une maison qu'il possédait à Pondichéry. Ce dernier acte de spoliation amena la découverte de tous leurs méfaits ; mais l'instruction en fut longue et le jugement difficile, à raison de l'adresse des coupables. On ne pouvait s'empêcher de recon-

---

[1] Ce Code, ainsi que tous ceux composant l'ensemble de la législation française, fut promulgué dans nos établissements de l'Inde en 1819. Le Code d'instruction criminelle seul ne le fut que beaucoup plus tard. Jusqu'alors, on suivit l'ordonnance de 1670.

naître qu'ils étaient capables d'en remontrer au faussaire le plus civilisé.

Ce n'était pas, au reste, à corriger les penchants vicieux des naturels que s'appliquait seulement l'ancienne autorité locale dans nos établissements. Elle s'occupait aussi de leur moralisation, de leur instruction. Le pouvoir métropolitain la dirigeait dans ces louables vues. Nous rencontrons d'abord, à la date de mars 1724, un édit du roi, qui ordonne d'instruire tous les esclaves dans la religion catholique, apostolique et romaine, et de les baptiser. On avait, dès lors, songé aussi à éclairer la population libre. Mais ce fut surtout depuis la reprise de possession, lors de la paix générale en 1816, qu'on mit ce projet à exécution. En 1827, une école publique était fondée à Pondichéry et à Karikal pour les Indiens. L'année suivante, on en créait une spéciale pour les parias. Enfin, en 1829, le bienfait de l'éducation publique gratuite était étendu aux jeunes filles de la classe des métis, appelés *Topas* dans l'Inde. Quant à celles de la population blanche indigente, elles étaient aussi l'objet d'une semblable mesure. Ainsi, les diverses administrations qui se sont succédé n'ont rien négligé pour combattre l'ignorance et introduire la civilisation. Malheureusement les résultats n'ont pas répondu à leurs efforts. Ici encore, comme sur plusieurs autres points, se sont rencontrés les préjugés des natifs, leur défiance naturelle, qui les porte trop souvent à voir un piége caché sous un bienfait. Ils craignent le prosélytisme chrétien, ou bien ce n'est qu'un prétexte emprunté pour déguiser leur paresse. Cependant, pour les rassurer, les instituteurs sont indigènes et choisis sans égard à la croyance. Nous avons vu les membres de la congrégation des Missions étrangères ouvrir en vain leurs écoles à Pondichéry aux jeunes Hindous de toute religion, s'engageant solennellement à ne pas dire un mot de celle-ci aux élèves gentils. Cette offre généreuse est demeurée stérile. Il n'est pas non plus de sacrifices pécuniaires que les Anglais n'aient faits pour propager l'instruction parmi leurs nombreux sujets hindous. Des souscriptions considérables ont eu lieu dans ce but, mais sans succès de quelque importance. A qui s'en prendre, sinon à une classe d'hommes dont l'influence sur leurs compatriotes ne repose pas moins sur le besoin calculé de les tenir dans l'ignorance que sur la superstition ; aux Brames, puisqu'il faut le dire, dont la plupart pourraient s'appliquer ce qu'avoue lui-même un célèbre imposteur :

Mon empire est détruit si l'homme est reconnu [1].

Malgré ces entraves cependant, les écoles gratuites n'ont pas laissé de subsister. Les Hindous qui les suivent réussissent principalement dans l'arithmétique. Ils ont pour cette science une merveilleuse aptitude, et peuvent faire de tête des calculs très-compliqués.

Nous passons à l'exposé du système de perception dans l'Inde, de ce qui y forme comme partout la principale branche du revenu public, l'impôt territorial. Ce système repose sur un fondement tout à fait différent de celui qui lui sert de base dans les pays où, comme le nôtre, la propriété privée est aussi bien garantie par le droit public que par le droit civil, et se transmet librement entre les citoyens. Dans l'Inde, au contraire, la terre appartient tout entière au souverain; les peuples n'en jouissent qu'à titre de simple concession.

A quelle époque remonte l'origine d'un droit aussi excessif? Comment et par qui fut-il établi? C'est ce qu'il n'est pas facile de déterminer. On ne peut croire qu'il ait subsisté de tout temps. Les anciens codes hindous statuent partout sur la propriété privée et sur les divers modes de possession, de transmission des biens ou héritages, objets inutiles de la sollicitude du législateur, si l'Etat ou son chef eussent été les seuls propriétaires du sol. L'illustre traducteur de Manou, William Jones, dans sa préface du *Traité des lois mahométanes des successions dans l'Inde*, dit en propres termes : « Les anciens Hindous étaient absolument propriétaires de leurs champs, quoiqu'ils appelassent leurs souverains seigneurs de la terre, de même qu'ils donnaient aux Bra-

---

[1] Voltaire, *Mahomet.* Depuis que nous exprimions cette opinion, nous en avons trouvé la confirmation dans un article intitulé : *L'Himalaya,* traduit du recueil anglais intitulé : *Chamber's repository of instructing and amusing tracts,* revue britannique, avril 1855. L'auteur, après avoir parlé des écoles ouvertes dans le nord de l'Inde par les missionnaires, dit : « Par malheur, les disciples ne les fréquentent pas régulièrement. Les ranas, les petits chefs, les rajahs et maharajahs semblent voir tous cette éducation de mauvais œil. Les *brahmines* et l'aristocratie s'y montrent de plus en plus hostiles. »

mes le titre de dieux de la terre. » Il s'élève ensuite contre l'opinion qui attribuerait aux mahométans la spoliation des habitants
du pays, sous le rapport des terres, à l'époque de la conquête.
Il soutient que le traité même dont nous venons de parler dé-
cide la question dans un sens opposé, puisque si, d'après la Constitution mongole, le souverain eût été l'unique maître de toutes
les terres de son empire, on n'aurait pas eu besoin de s'occuper,
comme l'a fait ce même traité, des droits des représentants d'un
chef de famille à ses immeubles comme à ses meubles. Mahomet
ajoute-t-il, dit formellement dans le Koran, que si un homme
libre laisse en mourant des biens ou des droits, ils appartiennent
à ses héritiers, et Sharif, l'auteur du traité spécial relatif aux
successions mahométanes dans l'Inde, s'exprime ainsi : « Un
héritier succède aux biens de son ancêtre avec le droit absolu de
propriété, le droit de possession et celui d'aliénation. »

Malgré tout notre respect pour le docte Jones, nous oserons ne
pas nous rendre à ces raisons, parce qu'elles ne nous semblent
pas concluantes. Si les Hindous, comme nous le croyons avec
lui, avaient autrefois la libre propriété de leurs terres, ils ne
peuvent l'avoir perdue que par le fait des descendants de Ta-
merlan. Et comment cette mesure violente aurait-elle arrêté ces
derniers? Se seraient-ils montrés plus scrupuleux que tant d'autres conquérants ou vainqueurs à coup sûr moins barbares?
Auguste, en pleine civilisation romaine, partage à ses vétérans
les terres du parti qui avait succombé, et personne n'a oublié les
plaintes touchantes de Virgile :

> *Hæc mea sunt : veteres migrate coloni.*
> *. . . Nos dulcia linquimus arva,*
> *Nos patriam fugimus. . . .*

Guillaume de Normandie, après l'invasion de l'Angleterre,
dépouille les seigneurs saxons au profit de ses compagnons, et
rédige le fameux *Doom'sday book*. Combien d'autres exemples
dans l'histoire ! Le traité sur l'existence duquel s'appuie William
Jones concerne, on l'a déjà remarqué, le peuple conquérant,
puisqu'il règle les successions musulmanes dans l'Inde ; or, il est
bien évident qu'il fallait un code à l'usage de ces nouveaux
maîtres du pays qui, loin de subir la confiscation, en recueil-
laient les fruits. Le souverain n'avait pas manqué, en effet, de

distribuer à ses favoris des terres à titre de bénéfice , ou même transmissibles par hérédité, appelées *Jaghirs*. Enfin, un des plus récents et des meilleurs historiens de l'Inde, Elphinstone, dans ses remarques sur le règne de l'empereur Ackbar, qui vivait dans le seizième siècle de notre ère, dit que ce fut ce prince qui établit le système d'impôts et de revenus publics le mieux combiné pour l'Inde et qui s'y trouve encore, à beaucoup d'égards, en vigueur.

Quels que soient, au surplus, les véritables auteurs de ce système, fondé sur cette idée que la propriété absolue des terres appartient au chef de l'État, il est certain que l'on ne saurait l'attribuer aux Européens possesseurs actuels du pays, qui l'ont trouvé en vigueur et se sont bornés à le maintenir. Le cœur généreux de William Jones lui inspire la manifestation d'un vœu opposé. Il voudrait que le gouvernement britannique, dans un but de justice et d'humanité, comme dans son propre intérêt, rendît à ses sujets asiatiques la propriété du sol qu'ils cultivent, et les y attachât de plus en plus par la certitude qu'il sera transmis à leurs héritiers. En adhérant en principe à cette noble pensée, nous devons faire cependant quelques réserves quant à l'opportunité de sa réalisation. Peut-être les approuvera-t-on lorsqu'on aura vu en quoi consiste exactement la nature du contrat qui existe dans l'Inde entre les maîtres du sol et les cultivateurs, le genre de propriété qu'il permet encore à ces derniers, et qu'on appréciera ensuite les habitudes et le tempérament des Hindous.

C'est dans nos établissements seulement que nous nous proposons d'étudier ce sujet. L'envisager également dans ceux des Anglais nous conduirait trop loin; d'ailleurs, dans les uns comme dans les autres, le principe est le même; s'il existe des différences, c'est uniquement dans l'application, et encore sont-elles peu importantes. Pour agir sur un territoire plus étendu, nos voisins n'ont pas cru devoir s'éloigner plus que nous des errements de leurs prédécesseurs dans la domination du pays.

Les diverses natures de biens dont se compose le territoire soumis à la France dans l'Inde sont de quatre sortes : 1° ceux dont le domaine a aliéné la propriété ; 2° ceux dont il a aliéné à perpétuité la jouissance ; 3° ceux dont il a conservé la jouissance et la propriété ; 4° ceux qui n'étant pas susceptibles de propriété privée, sont considérés comme des dépendances du domaine public. (*Ordonnance locale du* 7 *juin* 1828.)

Il résulte de cette nomenclature que, tout en partant de ce point que le sol appartient à l'État, il n'est cependant pas inaliénable, et qu'on peut en détacher des portions à divers titres, dont certains sont définitifs. En général, l'aliénation, lorsqu'elle a lieu, est faite sous la condition d'une redevance, et alors on peut dire que la propriété n'est pas transmise irrévocablement, puisque le défaut de payement de la redevance peut entraîner la résolution du contrat. Mais il est des cas où cette condition n'est pas attachée à la concession. Ainsi, les maisons dans les villes et leurs dépendances en sont pour la plupart affranchies, qu'elles appartiennent à des Européens ou à des natifs. Il est des immeubles ruraux dans la même catégorie. Pour encourager la population indigène, et quelquefois à titre de récompense ou indemnité de services publics, le gouvernement concède gratuitement et sans redevance aucune, sous le nom de *maniom* ou *mané*, une certaine étendue de terrain, destinée à la construction d'habitations et d'annexes nécessaires, telles que cours, basses-cours et jardins potagers. Les individus qu'on appelle dans le pays serviteurs des aldées ou groupes d'habitations, c'est-à-dire exerçant des professions utiles à la communauté, comme celles d'écrivains, de forgerons, charpentiers et blanchisseurs, reçoivent, à titre de mané, des terrains à construction. Les pagodes et leurs desservants ont droit aux mêmes avantages. Il faut reconnaître, néanmoins, que, sauf les propriétés urbaines et quelques maisons de campagne avec leurs dépendances, les *manés* ou *munioms* ne représentent qu'une petite portion du territoire ; qu'il n'y en a pas beaucoup d'autres dont le domaine ait conservé la jouissance et la propriété, son intérêt étant de retirer des terres le plus de revenu possible ; et qu'enfin, à l'exception des choses de la dernière catégorie, qui ne sont pas susceptibles de propriété privée, parce qu'elles sont hors du commerce, la seconde division, celle des terres dont l'État a aliéné à perpétuité la jouissance, en se réservant la propriété du fonds, embrasse la majeure partie du territoire. C'est là, en effet, le sol cultivable, celui qui rapporte, la vraie source du revenu de l'État. On appelle *adamanom* cette classe de terres, et *adamanaires* ceux qui en jouissent.

La redevance à laquelle ils sont assujettis est fixée d'après la valeur moyenne des récoltes et varie selon la nature de celles-ci. Dans l'Inde, en effet, comme partout, les terres ne sont ni également fertiles ni propres aux mêmes exploitations. La culture de nos céréales y est généralement remplacée par celle du riz, base de l'alimentation universelle dans cette contrée, et dont nous avons déjà indiqué le nom hindou *nesly*. Cette plante précieuse assure donc, et avec raison, le premier rang aux terrains où on la fait venir. Comme elle exige beaucoup d'humidité, ce sont les terres basses, arrosées directement par des sources, des canaux ou des étangs, qui lui sont affectées, et, selon qu'elles sont plus ou moins favorisées de ces avantages, on les divise en seize qualités. Les terres à menus grains en comprennent douze autres. Enfin, il y a en a neuf de celles que l'on cultive en potagers ; total : trente-sept qualités.

Voici maintenant comment la redevance est perçue selon ces différences. Pour les terres basses à nesly, arrosées naturellement, et pour les terres hautes à menus grains et à potagers, 48 p. 100 de la valeur brute de la récolte ; 43 p. 100 de celle des terres basses arrosées artificiellement ; 32 p. 100 du produit des terres basses qui ne peuvent guère compter que sur les eaux pluviales.

La perception ne se fait pas partout de la même manière. A Pondichéry, ainsi qu'à Mahé et à Yanaon, elle se paye en argent. A Karikal, elle est versée en nature par les cultivateurs des terres à nesly. Les autres payent leur fermage en numéraire.

C'est en vertu de titres qui leur sont délivrés par le receveur du domaine, ou collecteur en chef des deniers publics, que les adamanaires jouissent de leurs concessions. Quelquefois ils les tiennent d'un fermier général, qui a pris en adamanom une étendue considérable de terres. A leur tour, ces adamanaires, lorsqu'ils ne veulent pas cultiver par eux-mêmes, emploient des sous-cultivateurs ou sous-habitants, qui, pour leur salaire, ont droit à une part dans celle de la récolte laissée par le domaine au titulaire de la concession. Ce sont les *rayots*. Enfin, ces sous-habitants ont eux-mêmes sous leur dépendance une classe inférieure de travailleurs, appelés *coulis* ou *coolies*. C'est ainsi que toute la population des campagnes peut participer aux opérations et aux bénéfices de l'agriculture.

Quant à la nature et aux effets des titres de concession aux adamanaires, dès l'instant qu'ils consacrent pour eux l'investissement de la jouissance perpétuelle des terres qui en sont l'objet, il est évident que c'est là une propriété véritable, présentant les caractères et les prérogatives de la propriété ordinaire, sauf que celle dont il s'agit est restreinte à la jouissance. Mais, comme telle, elle est dans le commerce, et peut dès lors être transmise par ceux qui la possèdent par aliénation ou autrement [1]. L'acquéreur ou représentant à titre quelconque du concessionnaire originaire est seulement tenu, comme celui dont il tient médiatement ou immédiatement ses droits, de la responsabilité du payement de sa redevance au domaine. Cette garantie s'étend aussi au défaut de culture des terrains concédés, cas dans lequel le domaine peut faire procéder à l'éviction du titulaire ou possesseur de l'adamanom. Mais, dans l'une et l'autre hypothèse, c'est par voie d'expropriation qu'il est procédé contre lui, nouvelle preuve du caractère de propriétaire dont il est revêtu. C'est, du reste, pour savoir à qui s'adresser dans ces circonstances, pour connaître les mutations de la concession, et non dans le but de la rendre précaire, que le gouvernement exige que l'adamanaire fasse renouveler, chaque année, son contrat.

La surveillance des adamanoms, sous le rapport de la culture, l'évaluation des récoltes, le partage qui doit s'en faire entre le domaine et le concessionnaire ou ses ayants droit, ont été organisés avec soin et conformément aux résultats d'une longue expérience.

Au sommet de la hiérarchie des nombreux fonctionnaires de cette branche d'administration se place naturellement le receveur du domaine. Il a sous ses ordres immédiats un chef-col-

---

[1] L'acte de vente que nous avons rapporté dans l'*Aperçu analytique du droit hindou*, deuxième partie, est un exemple de l'usage de cette faculté de transmission. Il a évidemment pour objet celle d'un bien adamanaire, puisqu'il y est question des arrérages ou redevances dues à la ferme, c'est-à-dire au domaine, à la Compagnie, ce qui signifie les fermiers principaux, et aux sous-cultivateurs ou travailleurs, à raison de leur salaire. Du reste, il ne faut pas prendre à la lettre, dans cet acte, les mots *en toute propriété* qui s'y rencontrent, pour spécifier le mode de jouissance et de disposition futures de la part de l'acquéreur. Ils doivent s'interpréter *secundum subjectam materiam*, en ce sens que c'est l'usufruit seul, mais perpétuel, qui est transmis à l'acquéreur. On voit cependant jusqu'à quel point les Hindous acceptent ce genre de propriété, et savent en tirer parti dans leur intérêt.

lecteur hindou, appelé *thassildar*, résidant au chef-lieu, mais dont la haute inspection s'étend également sur tous les districts. Le thassildar transmet les ordres du receveur aux autres agents, dont le premier en rang après lui est le *béchecar*. Ce sous-collecteur est encore un employé indigène. Il y a ensuite, dans chaque aldée, des régisseurs, nommés *pattamaniagars*, choisis parmi les notables de l'endroit, nommés par le gouverneur, sur la présentation du receveur du domaine, et qui sont plus particulièrement préposés à la direction des travaux agricoles. Ils tiennent la main, par exemple, à ce que les cultivateurs mettent les terres en valeur aux époques convenables : ils délivrent les permis de récolte, et, comme préposés à la police rurale, veillent surtout aux irrigations. Enfin, au dernier degré de l'échelle, se placent les écrivains et gardes champêtres, transmettant et exécutant les ordres de leurs supérieurs. Tel est, dans son ensemble, le mécanisme administratif de la perception des redevances territoriales.

On ne le trouvera pas trop minutieux, on ne l'accusera pas de pousser à l'excès les précautions, si l'on réfléchit à l'immense intérêt qu'a le domaine à ce qu'aucune portion des terrains concédés ne reste improductive, dans une contrée surtout où trop souvent des sécheresses désastreuses viennent compromettre et même détruire les récoltes. Quant au principe sur lequel s'appuie ce genre d'impôt territorial, et qui réduit les habitants du pays à n'être que les fermiers ou les colons du sol, c'est ici le lieu de nous en expliquer. Il y a des siècles, comme on l'a vu, que les peuples de l'Inde sont habitués au mode actuel de possession des terres. Or, ce n'est pas du jour au lendemain qu'on peut transformer, abolir une coutume aussi ancienne. Appeler tout à coup le cultivateur hindou à la propriété pleine et entière de ce sol qu'il exploite depuis si longtemps comme colon serait, selon toute apparence, lui faire un présent plus nuisible qu'utile. Ce n'est pas calomnier cette nation que de dire, avec tous ceux qui l'ont vue et étudiée de près, que l'apathie, la paresse sont ses vices dominants et en quelque sorte inhérents à sa nature. L'Hindou ne travaille guère que sous l'aiguillon de la plus impérieuse nécessité ; mais l'ordre, l'économie, l'épargne, la pensée même du lendemain lui sont surtout inconnus. On peut donc assurer que du jour où il deviendrait propriétaire absolu de la terre dont il partage seulement les fruits daterait la ruine de l'agriculture dans ce pays. Il n'y aurait plus d'exploitée que la quantité strictement nécessaire à la nourriture de chaque famille, et la famine, dans les années de disette, décimerait des populations prises au dépourvu par leur imprévoyance et l'insuffisance de leurs récoltes. Que cette perspective soit toujours un obstacle invincible à toute modification du régime aujourd'hui en vigueur ; que des mesures sagement mûries et mises à exécution avec une prudente lenteur, telles que des concessions de terrain en toute propriété aux plus intelligents et aux plus laborieux, ne puissent jamais être essayées et même avec succès, c'est là assurément une thèse que nous ne prétendons pas soutenir. Mais ces améliorations ne peuvent être que les fruits du temps et d'expériences répétées. Il faut se garder, dans toute réforme, d'un empressement irréfléchi. C'est, d'ailleurs, une heureuse transition de l'état actuel des choses à celui dont nous venons de signaler les dangers, si on l'y substituait précipitamment, que le démembrement de la pleine propriété de l'État par rapport aux terres, consistant dans cet usufruit perpétuel pour les concessionnaires, transmissible à titre onéreux ou gratuit, et dont ils ne peuvent être dépouillés qu'avec les formes solennelles de l'expropriation.

Le territoire français, aux environs de Pondichéry, comprend aujourd'hui cent dix milles carrés et quatre-vingt mille habitants, répartis dans quatre-vingt-treize aldées, y compris la population du chef-lieu. Le revenu foncier produit au domaine environ 320,000 francs. On peut juger de la modération de la taxe qui lui sert de base par cette seule remarque que l'on suit encore pour son évaluation le tarif de 1792. Ce n'est pas, d'ailleurs, la seule preuve de l'esprit de désintéressement et de tolérance qui préside à la perception de l'impôt. Outre les avances pour la culture faites aux adamanaires au commencement de chaque année, proportionnellement à leurs besoins, remboursables sans intérêts en deux termes égaux, et des remises de 10 pour 100 accordées aux prêtres hindous et musulmans sur leurs redevances, des diminutions sont faites sur celles-ci par le domaine aux cultivateurs victimes de l'intempérie des saisons. Ce sont de pareilles traditions d'humanité et de justice, suivies constamment par le gouvernement de nos possessions, qui, jointes à la douceur de son joug, lui ont concilié l'attachement des natifs. Ces sentiments de sympathie ne se sont jamais démentis; ils ont, à l'honneur du nom français, survécu à la décadence de notre puissance dans l'Inde et sur les lieux mêmes où elle ne brilla que d'un éclat passager. On pourrait nous accuser ici d'un excès de patriotisme et d'amour-propre national. Qu'il nous soit donc permis d'invoquer à cet égard l'autorité la moins suspecte, l'opinion de nos voisins et anciens rivaux en Asie comme en Europe. Voici ce qu'au mois de janvier 1848 (la date est à remarquer), un fonctionnaire public de la présidence de Madras écrivait au journal le *Times* :

« Le caractère français ouvert et affable produit une impression bien plus profonde et en laisse des traces plus durables que la réserve et la roideur anglaises. A Hyderabad, les mendiants, lorsqu'ils imploraient un Européen, l'appelaient encore de mon temps *Bussy*, du nom de ce général qui commanda le corps français chez le Nizam, bien avant la naissance d'aucun de nous. En 1820 encore, la tombe de M. Raymond, au même lieu, était périodiquement illuminée, quoique sa mort remontât, je crois, à 1797; et, autant que je le sache, il en est toujours ainsi. C'était, je ne l'ignore pas, deux hommes d'une haute capacité. Mais nous en avons eu aussi plus d'un dont le mérite fut égal au leur. Où trouverait-on cependant dans l'Inde un nom anglais ou un tombeau anglais qui reçoive l'hommage d'un tel souvenir [1] ?

Ce n'est pas dans un but de contraste ni encore moins d'antagonisme contre la pensée duquel nous protestons d'avance, mais uniquement pour montrer que si les Hindous gardent fidèlement la mémoire du bienfait, ils n'oublient pas non plus les actes dont ils croient avoir à se plaindre, que nous rapprocherons de cette citation l'anecdote suivante; nous l'avons recueillie à Madras.

---

[1] The familiarity and flexibility of the french character make a deeper and leave a longer impression than the reserve and stiffness of the english. The beggars, at Hyderabad, still used in my time, in asking charity of an European, to call him *Bussy* after the officer who commanded the Nizam's french corps, before we were any of us born; and as late as 1820, M. *Raymond's* tomb there was periodically illuminated, though he had been dead, I think, since 1797, and for I know it, it is so still. I am aware that they were both of them men of eminent ability; but, we too have no want of men of equal eminence; and yet where is the English name or the english monument in India that is remembered in this way?

L'un des anciens gouverneurs de cette belle présidence, sir Thomas Munroë, opéra, il y a environ cinquante ans, des réformes dans l'ancien mode de location des terres. La plus importante consista à faire entrer le collecteur ou receveur du domaine en arrangement direct avec les *ryots* ou petits cultivateurs, en se passant de l'intermédiaire des fermiers principaux. C'était supprimer l'industrie de ces derniers. On peut juger dès lors de leur mécontentement. Après la mort de sir Thomas Munroë, une statue équestre en bronze lui fut élevée par ses compatriotes, sur la principale promenade de Madras. Ce monument très-remarquable est dû au ciseau du célèbre sculpteur anglais Chantrey. Il a représenté le cavalier la tête nue. Les anciens fermiers des terres ont vu ou affecté de voir dans cette disposition purement arbitraire de l'artiste la signification fatale d'un décret d'en haut. A les entendre, si l'image de sir Thomas Munroë reçoit ici-bas sur la tête les rayons brûlants du soleil de la zone torride, c'est parce qu'il est lui-même dans l'autre vie exposé éternellement à l'ardeur d'un feu inextinguible, en punition du tort qu'il leur a fait.

(Extrait de la *Revue historique du Droit français et étranger*.)

HENNUYER, RUE DU BOULEVARD, 7. BATIGNOLLES.
Boulevard extérieur de Paris